GRAND ORIENT DE FRANCE

16, Rue Cadet, 16

UNION SOCIALISTE

ASSOCIATION AMICALE ET FRATERNELLE D'ÉTUDES SOCIALES

Fondée à Paris le 4 Janvier 1902

Déclarée le 16 Novembre 1903, publiée le 28 Novembre 1903

ÉTUDE

SUR

LES LOIS DU TRAVAIL

PRÉSENTÉE AU NOM DE LA LOGE

Par G. LEMARCHAND, Vénérable

DANS LA TEN.·. SOL.·. DU 29 OCTOBRE 1903

DISCUTÉE DANS LES TEN.·. SOL.·. DES 18 NOVEMBRE,

4 ET 16 DÉCEMBRE 1903 ET 5 JANVIER 1904

PREMIER MILLE

1904

PRIX : 0 fr. 50

GRAND ORIENT DE FRANCE

16, Rue Cadet, 16

LOGE UNION SOCIALISTE

ASSOCIATION AMICALE ET FRATERNELLE D'ÉTUDES SOCIALES

Fondée à Paris le 4 Janvier 1902

Déclarée le 16 Novembre 1903, publiée le 25 Novembre 1903

ÉTUDE

SUR

LES LOIS DU TRAVAIL

PRÉSENTÉE AU NOM DE LA LOGE

Par G. LEMARCHAND, Vénérable

DANS LA TEN.·. SOL.·. 29 OCTOBRE 1903

ET DISCUTÉE DANS LES TEN.·. SOL.·. DES 18 NOVEMBRE,

4 ET 16 DÉCEMBRE 1903 ET 5 JANVIER 1904

PREMIER MILLE

1904

PRIX : 0 fr. 50

TABLE DES MATIÈRES

I.

ETAT DES PERSONNES CITÉES DANS LE TEXTE

INTRODUCTION

Nous avons l'honneur de soumettre à votre bienveillante appréciation notre étude sur les lois du travail.

Cet exposé, présenté par un des membres de notre association dans l'Assemblée générale du vendredi 29 octobre, qui réunissait les Loges Isis-Montyon et la France Maçonnique a été discutée dans les séances des 18 novembre, 4 et 6 décembre 1903 et 5 janvier 1904 de la « Loge Union Socialiste ».

Notre modeste tentative n'est pas la conception et le langage d'hommes de loi, ni d'avocats, pas plus que celle d'hommes politiques.

Elle est l'œuvre et elle résume l'état d'esprit et la pensée de modestes travailleurs, vivant au jour le jour pour la plupart, profitant de leur qualité de Franc-Maçons pour faire prévaloir des idées et des principes qui les intéressent au premier chef.

Certes, nous ne nous dissimulons pas que certaines de nos aspirations ne seront pas partagées par tous; agissant avant tout pour le bien de cette classe des travailleurs dont nous sommes à juste titre fier de faire partie, notre raisonnement n'est pas fermé aux idées pratiques ni aux objections fondées; nous soumettons des conclusions ayant comme appui la qualité de principaux intéressés.

Notre but a été défini dans un exposé fait par notre Président dans l'Assemblée générale du 29 octobre 1903; nous voulons, en même temps que nous saisissons les Loges de nos revendications, faire de la propagande et signaler aux travailleurs en termes simples certaines des lacunes que contient leur propre législation, les mettant à même de pouvoir en tout lieu et dans leur milieu propager des idées favorables à notre cause commune pour atteindre plus de bien être et plus de justice.

Nous estimons aussi, pour que notre œuvre porte ses fruits, qu'il serait de toute utilité dans les cours professionnels ou techniques déjà créés dans les principaux centres, que l'on enseignât aux travailleurs les lois les concernant, leur faisant entrevoir les modifications à y apporter, afin de bien fixer les esprits, les mettant ainsi en garde contre ce langage flottant, incertain et contradictoire des nombreuses parlottes, des discours vides de sens et d'application pratique, n'ayant comme esprit de suite que la conception intéressée des politiciens.

Notre étude se divise en trois parties pour chaque question :

1° Articles organiques de lois en cours et commentaire de certaines règles de jurisprudence.

2° Examen succinct des principaux projets présentés au Parlement, avec un rapide commentaire.

3° Conclusions résumant nos aspirations.

On a pu nous faire observer que la Maçonnerie devait émettre des idées et en quelque sorte toujours innover, ne prenant qu'en relative considération les travaux parlementaires.

Nous pensons que l'objection est peu fondée, il est certes plus aisé de mûrir une question déjà étudiée que de mettre au point une question neuve, de ce principe découle le présent travail.

Voilà donc notre brochure présentée, nous nous adressons à tous nos lecteurs, leur demandant de se prononcer, de mettre à l'étude dans leurs régions ces importantes réformes si impatiemment attendues du prolétariat ; nous sommes convaincus que notre appel sera entendu.

G. LEMARCHAND.

III

CONTRAT DE TRAVAIL ET DE LOUAGE MARCHANDAGE CONTRAT D'APPRENTISSAGE

LÉGISLATION

Le contrat de travail est régi par l'article 1780 du Code civil complété par la loi du 27 décembre 1890.

Le contrat de louage par l'article 1710 du Code civil. Le marchandage par le décret du 2-4 mars 1848. — Le contrat d'apprentissage par la loi du 22 février 1851.

Contrat de travail et de louage

Art. 1780 du Code civil. — « On ne peut engager ses services qu'à temps ou pour une entreprise déterminée. »

Article premier de la loi du 27 décembre 1890. — « Le louage de services, fait sans détermination de durée peut toujours cesser par la volonté d'une des parties contractantes.

« Néanmoins, la résiliation du contrat par la volonté d'un seul des contractants peut donner lieu à des dommages-intérêts.

« Pour la fixation de l'indemnité à allouer le cas échéant, il est tenu compte des usages, de la nature des services engagés, du temps écoulé, des retenues opérées et des versements effectués en vue d'une pension de retraite, et, en général, de toutes les circonstances qui peuvent justifier l'existence et l'étendue du préjudice causé.

« Les parties ne peuvent renoncer à l'avance au droit éventuel de demander des dommages-intérêts en vertu des dispostions ci-dessus.

« Les constatations auxquelles pourra donner lieu l'application des paragraphes précédents, lorsqu'elles seront portées devant les tribunaux civils et devant les cours d'appel, seront instruites comme affaire sommaire et jugées d'urgence. »

L'article 1710 du Code civil définit ainsi le contrat de louage :

« Le louage d'ouvrage est un contrat par lequel l'une des parties s'engage à faire quelque chose pour l'autre moyennant un prix convenu entre elles . »

Les contrats de travail et de louage sont généralement verbaux, les conventions sont soumises au droit commun, la preuve est faite à l'aide des moyens déterminés par les articles 1341 et suivants du Code civil, c'est-à-dire par :

1° la preuve testimoniale ; 2° les présomptions légales et les présomptions simples ; 3° l'aveu ; 4° le serment.

Les conditions essentielles pour la validité du contrat sont :

1° Le consentement des parties ; 2° la capacité des parties ; 3° Un objet ; 4° Une cause.

Le travailleur doit manifester sa volonté d'accéder à la proposition de l'employeur.

Sont des causes de nullité :

1° Un consentement donné par erreur ; 2° la violence exercée contre celui qui a contracté l'obligation ; 3° le dol lorsque les manœuvres pratiquées par l'une des parties sont telles qu'il est évident que, sans ces manœuvres, l'autre partie n'aurait pas contracté ; le dol doit être prouvé.

Ces faits ne sont pas nuls de droit, ils donnent lieu à une action en nullité.

Le mineur non émancipé ne peut louer son travail ni engager des ouvriers sans le consentement de son père ou tuteur; il peut intenter une action en paiement de salaire.

La femme mariée ne peut louer son travail qu'avec le consentement de son mari.

Les interdits ne peuvent s'engager par un contrat de travail.

Le salaire est la rémunération du travailleur.

Le travailleur peut louer son travail, soit au temps déterminé, à l'heure, à la journée, au mois, à l'année, etc. ; soit pour une entreprise déterminée, à la tâche, à la pièce.

Dans la pratique, le mode de paiement du salaire décide du délai-congé en cas de rupture du contrat verbal.

Le travail au temps assure le paiement intégral du salaire de l'ouvrier, tandis que le travail à la tâche, peut être discuté.

Nous ne parlerons pas ici de la participation aux bénéfices qui ne peut-être loyalement appliquée que lorsque le travailleur est mis à même de contrôler les comptes de l'employeur ; dans le cas contraire, cette participation ne peut être considérée que comme une gratification soumise à la générosité de l'employeur.

Le prix du travail peut faire l'objet d'un engagement écrit entre les parties ; à ce défaut la rémunération due au travailleur peut être déterminée par l'usage, l'expertise et, par analogie, en se basant sur les salaires des travailleurs de la même profession ou du même chantier.

Le salaire peut être payé en argent ou en nature, cette dernière pratique donne lieu à de scandaleux abus; c'est, en quelque sorte, une contre-exploitation du travailleur.

Le travailleur a, contre l'employeur, tous droits et actions accordés par la loi au créancier contre son débiteur, plus des droits spéciaux : 1° Le droit de rétention; 2° l'action directe de l'article 1798 du Code civil; 3° les privilèges, en cas de faillite du patron, sur certains meubles; sur les immeubles en matière de travaux publics.

Le privilège sur les meubles ne s'applique qu'aux gens de maison attachés à la personne, ils ont le droit de réclamer l'année échue.

Les travailleurs du commerce et de l'industrie ont le privilège sur les immeubles, les marchandises et l'outillage des magasins ou usines; ce privilège est accordé en cas de faillite ou de liquidation judiciaire seulement pour le salaire des trois mois qui ont précédé ces cas.

Les travailleurs agricoles ont le privilège sur la récolte.

Les travailleurs du bâtiment ou des travaux publics ont le privilège sur les immeubles qu'ils ont édifiés.

L'illogique pratique des retenues sur les salaires ou amendes a été discutée par le Sénat le 24 avril 1894; le projet prévoyait qu'il ne pourrait pas être retenu plus du quart de la journée de travail. Cette question n'a pas été, heureusement, solutionnée, car il est aussi peu sensé de retenir le quart que toute autre partie, ou même la totalité du salaire, sous prétexte d'amende.

L'action des travailleurs pour le paiement de leurs journées de travail se prescrit par six mois.

Les circonstances qui peuvent mettre fin au contrat de travail sont :

1° L'achèvement du travail; 2° l'expiration du temps déterminé; 3° la résiliation amiable; 4° la volonté de l'une des parties; 5° le cas de grève; 6° la résiliation judiciaire pour inexécution des engagements ou autre cause; 7° l'incapacité morale ou physique du travailleur; 8° la force majeure; 9° la mort du travailleur.

Les contrats de travail ou de louage de services faits sans détermination de durée peuvent toujours prendre fin par la volonté d'une des parties. Les parties sont libres de fixer le délai qui devra exister entre la déclaration du congé ou le départ de la cessation effective du travail; elles peuvent convenir qu'aucun droit de ce genre ne sera consenti.

L'article 1780 du Code civil cité ci-dessus ne consacre pas le droit absolu à une indemnité en cas de résiliation du contrat : il dit seulement que la résiliation peut donner lieu à dommages-intérêts; dans ce cas, il faut qu'il y ait préjudice causé.

La fixation de l'indemnité est basée sur les usages, la nature des services engagés, le temps écoulé et sur les retenues opérées et les versements effectués en vue d'une pension de retraite.

Telle est résumée succinctement la jurisprudence constante si insuffisante en matière de contrat de travail et de louage de services.

Marchandage

Le décret des 2, 4 mars 1848 a, par le paragraphe suivant, supprimé le marchandage :

« 2° L'exploitation des ouvriers par des sous-entrepreneurs ou marchandage est abolie.

« Il est bien entendu que les associations d'ouvriers qui n'ont point pour objet l'exploitation des ouvriers les uns par les autres, ne sont pas considérées comme marchandage. »

L'arrêté du 21 mars 1848 tend à expliquer le décret des 2, 4 mars :

« Considérant que le décret des 2, 4 mars, qui détermine la durée du travail effectif et supprime l'exploitation de l'ouvrier par voie de marchandage, n'est pas universellement exécuté en ce qui touche à cette dernière disposition,

« Considérant que les dispositions contenues dans le décret précité sont d'une égale importance et doivent avoir force de loi ;

« Le gouvernement provisoire de la République, tout en réservant la question du travail à la tâche,

« Arrête :

« Toute exploitation de l'ouvrier par voie de marchandage sera punie d'une amende de cinquante à cent francs pour la première fois ; de cent à deux cents francs en cas de récidive ; et, s'il y avait double récidive, d'un emprisonnement qui pourrait aller de un à six mois. Le produit sera destiné à secourir les invalides du travail. »

Comme on le voit, l'arrêté du 21 mars 1848 paraît supprimer le marchandage, mais il réserve la question du travail à la tâche, la différence est en somme peu sensible entre les deux modes ce qui permet d'interpréter le marchandage comme travail à la tâche, aussi, malgré ce texte, l'injuste marchandage n'en subsiste pas moins dans l'industrie privée, les travaux publics et, même malgré les clauses des cahiers des charges, dans les travaux de l'Etat, des villes et des communes.

Dans ce dernier cas, pour être franc, il faut reconnaître que la faute, en grande partie, incombe au travailleur lui-même.

Il n'est pas rare, en effet, que, dans bon nombre d'entreprises, les employeurs confient à des tâcherons ou marchandeurs tout ou partie d'un travail à exécuter et les travailleurs paraissent se prêter avec d'autant plus de complaisance à ces pratiques, que, questionnés par les agents de l'Etat, des villes ou des communes qui ont la direction et la surveillance des travaux, ils se refusent à dire quel est leur mode de rémunération. Devant de telles pratiques, qui sont souvent une cause de défectuosité pour la bonne exécution du travail ainsi que pour les quantités de matériaux fournis, il est peu possible de réagir. Ces faits sont pourtant toujours connus ; seule une réglementation et une précision plus sévères que les décrets et arrêtés de 1848 pourraient y remédier.

Contrat d'Apprentissage

La loi du 22 février 1851 détermine la nature et la forme du contrat, règle ses conditions, prévoit les causes de résolution, désigne le juge compétent pour statuer sur les contestations et édicte les pénalités en cas d'infraction.

Diverses lois que nous citons plus loin, page 28, réglementent le travail des apprentis, employés dans les établissements industriels ; ces derniers n'en restent pas moins soumis aux dispositions de la loi du 22 février 1851, qui ne sont pas inconciliables avec les lois nouvelles.

Les diverses lois dont il est parlé ci-dessus n'ont abrogé les dispositions de la loi de 1851, relatives à la règlementation du travail, qu'en ce qui concerne les apprentis de l'industrie, manufactures, minières, carrières, chantiers, ateliers et leurs dépendances.

Les prescriptions de la loi de 1851 sont donc toujours applicables au commerce, magasins, bureaux, laboratoires, etc.

Le contrat d'apprentissage est fait par acte public ou par acte sous-seing privé ; il peut résulter de conventions verbales.

Faute de conventions écrites, la preuve peut se faire en vertu de l'article 1341 et suivants du Code civil.

L'acte public est rédigé par les notaires, Conseils des prud'hommes, greffiers de la justice de paix.

L'acte sous-seing privé est rédigé en deux exemplaires sur papier timbré, l'un pour l'employeur, l'autre pour l'apprenti, il est signé par les deux parties. A part les renseignements d'identité de l'apprenti et celui des parents ou tuteurs, si ce dernier est mineur il doit contenir la durée du contrat, les conditions de logement, de nourriture et le prix.

Toute personne majeure peut engager en qualité d'employeur, des apprentis. Les mineurs émancipés ne peuvent engager des apprentis mineurs.

Tout maître célibataire, veuf ou divorcé ne peut engager des jeunes filles mineures.

Ne peuvent engager des apprentis, les individus condamnés pour vol, banqueroute, abus de confiance fraude, etc.

La femme mariée même non commune ou séparée de bien ne peut engager des apprentis qu'avec le consentement de son mari.

Les devoirs de l'employeur à l'égard de l'apprenti se divisent en quatre catégories.

1° Surveillance de l'apprenti. — 2° Obligation de satisfaire aux conditions du contrat. — 3° Obligation de donner l'enseignement professionnel. — 4° Observation des prescriptions relatives à la réglementation du travail des enfants.

L'employeur doit se conduire avec l'apprenti en bon père de famille, surveiller sa conduite et ses mœurs soit dans la maison, soit au dehors, il doit prévenir les parents sans retard en cas de maladie ou d'absence, à la fin de l'apprentissage il doit lui délivrer un congé d'acquit ou certificat constatant l'exécution du contrat.

L'apprenti doit à l'employeur fidélité, obéissance et respect, il est tenu de remplacer à la fin de l'apprentissage le temps qu'il n'a pu employer par suite de maladie ou d'absence.

Le contrat d'apprentissage peut être résolu par la volonté d'une des parties pendant les deux premiers mois de sa durée ; il est résolu de plein droit dans certains cas, il peut aussi être résolu judiciairement.

Au cas de décès de l'épouse, le contrat qui liait des filles mineures avec un employeur, est résolu de plein droit.

Comme il est dit ci-dessus, les nouvelles lois relatives

à l'hygiène, la sécurité et la limitation des heures de travail, ne sont applicables qu'à une catégorie d'apprentis, tandis que l'autre est négligée, il y a là une lacune très importante qu'il serait logique de combler.

PROJETS

Ces importantes questions, contrat de travail et de louage, marchandage et contrat d'apprentissage ont été l'objet de diverses propositions de loi dont la plus sérieuse, la plus approfondie est incontestablement contenue dans le magnifique Code du travail élaboré par M. Groussier, déposé par lui à la Chambre en 1898, ce travail a été déposé à nouveau par M. Dejante député, en janvier 1903.

Ce Code de travail comprend 866 articles, nous nous bornerons à citer les extraits de textes ayant rapport à la présente question.

LIVRE PREMIER

Formation des contrats de travail et des conditions pour la validité

(Art. 1 à 46)

Sont travailleurs, tous ceux qui louent leur travail ou leurs services.

Sont employeurs, les chefs d'industrie, d'exploitation, de maisons, sociétés ou administrations

Le fait qu'une personne consent à fournir son travail ou ses services à une autre personne moyennant salaire constitue un contrat.

Le travail s'entend de toute occupation manuelle ou intellectuelle, et pour le service de toute occupation accessoire nécessité par l'exercice de la profession ou les besoins personnels de l'employeur.

Les contrats sont littéraux ou verbaux.

Ils peuvent-être individuels ou collectifs.

La main-d'œuvre pénale ne pourra plus faire concurrence à l'industrie privée.

Les contrats sont professionnels ou occasionnels.

Professionnels lorsqu'ils sont habituels à l'employeur ou permanents.

Occasionnels lorsqu'ils sont passagers.

Exemple : Un travailleur fournissant son papier de tenture, fera tapisser son appartement par un autre travailleur, ce dernier sera considéré comme travailleur occasionnel.

Un employeur professionnel ne peut que dans des conditions exceptionnelles embaucher un travailleur occasionnel, si une fois l'ouvrage terminé l'embauchage se prolonge, le travailleur est considéré comme professionnel et a droit au délai-congé.

Le mode du paiement du salaire ne pourra être considéré comme indication du contrat.

Lorsqu'un travailleur fournira la matière en même temps que la main-d'œuvre il sera considéré comme entrepreneur.

Exemple : Reprenant le cas du travailleur peintre cité ci-dessus, s'il avait fourni lui-même le papier tout en faisant le travail, il aurait été considéré comme entrepreneur et non comme ouvrier occasionnel.

La femme mariée pourra contracter travail sans y être autorisée par son mari.

Le règlement du travail pour un établissement est l'ensemble des conditions communes à tous les travailleurs.

Les règlements du travail sont homologués par les

tribunaux spéciaux du travail, après observations des travailleurs.

Lorsqu'un employeur possède plusieurs établissements dans diverses contrées, les règlements sont homologués par le Conseil supérieur du travail, après observations des travailleurs.

Les règlements doivent toujours être affichés.

Les contrats individuels ne peuvent contenir de dispositions autres que celles des contrats collectifs.

Toutes dispositions par lesquelles les travailleurs renoncent dans les contrats au droit éventuel de demander des dommages-intérêts, sont nulles.

Les conditions non énumérées dans les contrats seront considérées comme faites conformément aux usages de la profession.

Aucune disposition contraire aux prescriptions du droit commun ne pourra être insérée.

Obligations résultant du Contrat

(Art. 47 à 62)

L'apprenti ne pourra être employé exclusivement qu'aux travaux de sa profession. L'employeur doit lui donner la facilité de suivre les cours professionnels.

L'employeur est tenu, au départ du travailleur, de lui délivrer un certificat de présence.

L'employeur est responsable des effets et des outils appartenant à l'ouvrier, qui sont déposés chez lui pour l'exercice de sa profession.

Le droit de coalition est accordé au travailleur jusqu'à la décision arbitrale sans que l'employeur puisse invoquer la rupture du contrat, et, l'article 1382 du code civil :

« Tout fait quelconque de l'homme qui cause à autrui un dommage, oblige celui par la faute duquel il est arrivé à le réparer » ne peut être appliqué.

Résolution des Contrats de travail

(Art. 63 à 82)

Les contrats de travail sont résolus de plein droit et sans indemnité: 1° par expiration du temps déterminé ; 2° par achèvement du travail de l'une ou l'autre partie; 3° par incapacité physique ou morale de l'une ou l'autre partie ; 4° au cas du décès de la femme de l'employeur, lorsqu'il y a des jeunes filles mineures logées par lui.

Le contrat d'apprentissage se résoud par la volonté d'une des parties.

Les contrats de travail sont résolus avec indemnité : 1° par la résiliation amiable ; 2° par cas de force majeure ; 3° par inexécution des engagements.

Les contrats de louage sans détermination de durée se résolvent de même à charge par les parties de donner le délai-congé.

Les contrats de louage et d'industrie résiliés par la volonté de l'employeur, ou par la perte de l'ouvrage par le fait de ce dernier donne droit au travailleur à dédomagement de ses dépenses et de ses travaux.

Si la chose vient à périr sans qu'il y ait mauvaise qualité de la matière le travailleur ne peut perdre que le salaire qu'il aurait contracté et seulement dans la mesure de sa faute.

Les contrats d'apprentissage se résilient :

1° par condamnation d'une des parties; 2° par l'inconduite d'une des parties ; 3° par infractions aux conditions d'hygiène et protection du travail.

Dans ces cas, la résolution donne droit à indemnité.

En général, toute rupture du contrat de travail donne droit à indemnité :

1° lorsqu'il s'agit d'une courte maladie du travailleur; 2° pour cause d'insalubrité ou manque de sécurité; 3° pour fermeture de l'établissement par faillite ou liquidation judiciaire; 4° pour cause de renvoi après une période militaire.

La mise à pied du travailleur est interdite.

La fixation des dommages et intérêts, si le délai-congé n'a pas été observé, sera basée sur les usages de la profession.

Tout contrat de travail sera enregistré et exempt de frais de timbre.

Salaires

(Art. 89 à 103)

Le salaire sera fixé à l'année, au mois, à la journée et à l'heure.

Le salaire aux pièces ou à la tâche est interdit pour les travailleurs considérés comme étant directement sous la surveillance de l'employeur.

Un minimum de salaire sera déterminé par le Conseil supérieur du travail sur la proposition des Chambres du travail; 1° par profession ou catégorie de travaux; 2° pour les adultes et les jeunes travailleurs, il pourra être fixé par régions, départements ou commune, il correspondra aux dépenses nécessaires à l'entretien d'une famille.

Les prix de série de l'Etat, des villes et des communes seront basés sur les minima de salaire.

Les salaires, faute de série, seront basés sur l'usage ou l'expertise.

Ils ne pourront, dans aucun cas, être inférieurs au minimum fixé.

Les heures supplémentaires à la journée de huit heures seront payées doubles.

Participation aux bénéfices

(Art. 104 à 114)

La participation aux bénéfices est admise, le travailleur n'aura aucune responsabilité en cas de perte.

Les participants auront le droit de vérifier les comptes de l'employeur.

Les sommes allouées sans vérification de comptes seront considérées comme gratifications.

Payement des salaires

(Art. 115 à 219)

Tout employeur doit payer intégralement le salaire convenu, il est responsable du payement en cas d'embauchage fait par un de ses représentants.

L'employeur ne peut exiger du travailleur aucune rétribution pour l'emploi qu'il lui a confié, les pourboires ne peuvent entrer en ligne de compte dans le payement du salaire.

L'application des amendes est rigoureusement interdite.

La femme mariée peut disposer du produit de son travail, il en est de même pour le mineur âgé de moins de 18 ans qui aura été autorisé par le Tribunal du travail.

Le prix du travail exécuté en dehors de la surveillance de l'employeur ou de son représentant ne peut être réglé qu'après réception de l'ouvrage.

Un livre de compte sera délivré à cet effet par le Tribunal du travail à tout travailleur occupé en dehors de la surveillance de l'employeur, ce dernier sera tenu d'inscrire en personne sur ce livre les matières confiées au travailleur ainsi que le prix convenu, une double expédition sera faite sur un registre spécial.

Le livre de compte sera retiré lorsque le travailleur cessera d'être employé par un même employeur.

Les payements se feront en monnaie métallique ou fiduciaire au cours légal ; ils ne pourront être faits en marchandises ni dans un débit de boissons.

Le travailleur a contre l'employeur qui lui doit son

salaire les mêmes droits qu'un créancier contre un débiteur.

Pour ces droits, le travailleur bénéficie : 1° du droit de rétention (retenir la marchandise confiée en cas de non payement) ; — 2° de l'action directe (jusqu'à concurrence de la somme due); — 3° des privilèges (saisie des meubles et immeubles, oppositions ou saisies-arrêt sur les sommes dues aux employeurs).

L'action se prescrit à un an.

Les saisies-arrêts sur les salaires des travailleurs ne portent que sur le 1/10 lorsque le salaire dépasse 2.500 francs, et 1/5 en. plus pour le salaire dépassant ce chiffre.

La retenue d'une avance faite par l'employeur ne peut s'appliquer que suivant les précédentes conditions.

Les outils ou objets nécessaires au travailleur pour sa profession ne pourront être saisis par aucune créance.

Les saisies des sommes dues par les travailleurs ne pourront être autorisées que par le juge de paix à défaut d'arrangement entre les parties.

Les sommes dues seront versées au greffier du juge de paix qui en donnera quittance, à charge par lui de remettre ces sommes à la partie intéressée.

Pénalités

Art. 849, 852, 853)

Des pénalités de 5 à 15 francs d'amende seront appliquées : 1° aux individus ayant subi des condamnations qui occuperont des mineurs ; aux employeurs qui occuperont des jeunes filles mineures sans la présence de leur femme ou d'une femme de leur famille ; 2° contre les employeurs qui n'auront pas fait afficher les règlements relatifs aux heures et conditions du travail, les jours de repos journaliers, les jours de repos hebdomadaire, les jours de paye et d'acompte, les statuts et règlements des caisses de retraites ou de secours et les adresses des inspecteurs ou inspectrices du travail ; 3° contre les employeurs qui feront travailler à la tâche les travailleurs directement sous leur surveillance ; 4° contre les employeurs qui exigeront du travailleur une rétribution à raison de l'emploi confié.

Avis du Conseil supérieur du travail

Nous donnons pour mémoire la résolution prise par le Conseil supérieur du travail dans la séance du 21 novembre 1903 en ce qui concerne le délai-congé.

« Le Conseil supérieur du Travail :

« Attendu qu'il résulte tant de l'enquête faite par le Ministre du commerce que le delai-congé est un usage général et traditionnel en matière de résiliation de contrat de louage de service ou de travail à durée indéterminée,

« Est d'avis :

« Que cet usage est fondé sur l'intérêt individuel réciproque des contractants, sur l'intérêt collectif des groupes professionnels et sur l'intérêt général de l'industrie et du commerce ; qu'il répond à une nécessité d'ordre public et de paix sociale ;

« Qu'il ne doit en conséquence pouvoir y être dérogé que dans les limites et dans les formes déterminées par une loi.

« Qu'il ne saurait y être dérogé par des règlements d'atelier qui, dans les conditions ou ils sont établis actuellement en France, ne présentent pas les garanties de conventions collectives entre patrons et ouvriers ;

« Le Conseil est d'avis qu'il ne saurait être dérogé, tant à cet usage qu'aux formes et conditions qui l'entourent, par des conventions individuelles, celles-ci ne pouvant ordinairement résulter que d'un abus de pouvoir initial de la part de l'entrepreneur ou du chef de l'établissement, en même temps que de la faiblesse morale ou du dénûment physique de l'ouvrier en quête de travail.

« Que, par conséquent, une telle dérogation doit être considérée comme illicite, nulle et de nul effet ;

« Renvoie à sa commission permanente l'étude de dispositions précises sur la Conclusion et la résolution du contrat de travail, à durée indéterminée, et sur les règlements d'atelier. »

CONCLUSIONS

Nous concluons :

Adoption de la partie du Code du travail de MM. Groussier-Dejeante ci-dessus citée, en tenant compte des résolutions suivantes :

1° Etant donné que, dans la presque totalité des cas, le travailleur (partie la moins favorisée) est payé soit à la quinzaine, au mois ou à l'année et qu'en somme il fait par ces délais une avance à l'employeur qui en récolte tout le bénéfice ; pour ces motifs il y a lieu :

De dispenser le travailleur du délai-congé.

2° En cas de rupture du contrat par l'employeur, le travailleur devra toujours être averti à l'avance, ce délai sera basé sur le temps intermédiaire entre deux règlements de compte : ainsi, pour le règlement à la semaine, le délai-congé sera de 8 jours, règlement à la quinzaine de 15 jours, etc.

3° Dans le cas de rupture immédiate du contrat par la volonté de l'employeur, ce dernier devra régler de suite la somme due au travailleur plus le temps intermédiaire à deux règlements de compte, sans préjudice des dommages-intérêts réclamés par ce dernier.

4° L'action en dommages-intérêts ne peut se prescrire en moins d'une année.

IV

TRAVAIL DES ADULTES, DES FEMMES, DES ENFANTS ET DES FILLES MINEURES DANS LES USINES, MANUFACTURES, etc.

RÉGLEMENTATION DES HEURES DE TRAVAIL. LÉGISLATION SPÉCIALE. HYGIÈNE ET SÉCURITÉ DES TRAVAILLEURS.

LÉGISLATION

Ces diverses questions sont régies : 1° par le décret-loi du 9 septembre 1848, relatif aux heures de travail dans les usines et manufactures ; 2° la loi du 14 mars 1891 ayant pour objet l'adoption de l'heure, temps moyen de Paris comme heure légale en France et en Algérie ; 3° la loi du 2 novembre 1892 sur le travail des filles mineures et des femmes dans les établissements industriels ; 4° le décret du 3 mai 1893 appliquant la loi du 2 novembre 1892 aux mines minières et carrières et fixant la durée du travail effectif des enfants masculins dans ces professions ; 5° le décret du 13 mai 1893 relatif au travail des enfants mineurs des deux sexes dans les manufactures ; 6° la loi du 12 juin 1893 concernant l'hygiène et la sécurité des travailleurs dans les établissements industriels ; 7° le décret du 15 juillet 1893 relatif au travail des femmes et des filles âgées de plus de 18 ans ; 8° le décret du 10 mars 1894 portant règlement d'administration publique de la loi du 12 juin 1893 ; 9° la circulaire ministérielle relative à certaines professions n'ayant pas un caractère industriel au sens de la loi du 2 novembre 1892 ; 10° l'arrêté ministériel du 31 juillet 1894 pris en exécution des prescriptions de l'article 11 du décret du 13 mai relatif aux charges traînées ou poussées par les jeunes ouvriers ; 11° les décrets du 10 août 1899 sur les conditions du travail dans les marchés passés au nom des communes, des départements, de l'Etat et des établissements publics de bienfaisance ; 12° la loi du 30 mars 1900 modifiant la loi du 2 novembre 1892 ; 13° la loi du 29 décembre 1900 sur les conditions des femmes employées dans les magasins, boutiques ou autres locaux en dépendant ; 14° le décret du 14 juillet 1901 sur l'aération et le chauffage des locaux affectés au travail ; 15° le décret du 28 mars 1902 portant dérogation aux lois sur la durée du travail journalier des adultes ; 16° le décret du 6 août 1902 modifiant le décret du 10 mars 1894 : 17° la circulaire ministérielle du 21 septembre 1902, portant dérogation aux lois des 9 septembre 1848 et 30 mars 1900 ; 18° la loi du 11 juillet 1903 portant modification de la loi du 12 juin 1893 sur l'hygiène et la sécurité des travailleurs.

Cette simple énumération démontre suffisamment la complexité des questions visées par ces lois, décrets, etc.

Réglementation des heures de travail

Loi du 9 septembre 1848 :

« Article premier. — La journée de l'ouvrier dans les manufactures et usines ne pourra pas excéder douze heures de travail effectif.

« Art. 4. — Tout chef de manufacture ou usine qui contreviendra au présent décret et aux règlements d'administration publique promulgués en exécution de l'article 2, sera puni d'une amende de 5 à 100 francs.

« Les contraventions donneront lieu à autant d'amendes qu'il y aura d'ouvriers indûment employés, sans que ces amendes réunies puissent s'élever au dessus de 1,000 francs. »

L'article 2 de la loi prévoit des dérogations en cas de force majeure.

Loi du 30 mars 1900 :

Art. 2. — « Il est ajouté à l'article premier du décret-loi du 9 septembre 1848 la disposition suivante :

« Toutefois, dans les établissements énumérés dans l'article premier de la loi du 2 novembre 1892 qui emploient dans les mêmes locaux des hommes adultes et des personnes visées par ladite loi, la journée de ces ouvriers ne pourra excéder onze heures de travail effectif.

« Dans le cas du paragraphe précédent au bout de deux ans à partir de la promulgation de la présente loi, la journée sera réduite à dix heures et demie et, au bout d'une nouvelle période de deux ans, à dix heures. »

Les établissements visés par l'article 1er de la loi du 2 novembre 1892 sont : les usines, manufactures, mines, minières et carrières, chantiers, ateliers et leurs dépendances, de quelque nature que ce soit, publics ou privés, laïques ou religieux, même lorsque ces établissements ont un caractère d'enseignement professionnel ou de bienfaisance ; ces dispositions s'appliquent aux étrangers. Sont seuls exceptés les établissements où ne sont employés que les membres de la famille travaillant sous l'autorité du père.

Le décret du 28 mars 1902 porte dérogation aux lois des 9 septembre 1848 et 30 mars 1900 et prévoit les cas pour appliquer ces dérogations.

Une circulaire du ministre du commerce en date du 21 septembre 1902, adressée aux inspecteurs divisionnaires du travail, commente les cas où peuvent être accordées les augmentations de durée de travail en vertu des lois 1848-1900 et du décret 1902.

Il ressort des citations ci-dessus que, dans les établissements visés par la loi de 1892, les adultes hommes seront astreints, à partir du 30 mars 1904, à ne faire que 10 heures de travail par jour.

D'autre part, les établissements n'occupant que des adultes hommes pourront continuer à faire 12 heures.

Ajoutons que certains services municipaux ont appliqué la journée de 8 heures, que M. Camille Pelletan, ministre de la marine, et M. le général André, ministre de la guerre, en ont fait l'application à divers établissements de leurs ministères et que cette innovation a donné de bons résultats.

Plusieurs projets ont été déposés au Parlement pour l'application de la journée de huit heures dans les mines et dans diverses industries.

Les heures de travail des femmes et des enfants mineurs des deux sexes sont limitées par les paragraphes 2, 3 et 4 de l'article premier de la loi du 30 mars 1900 qui deviennent l'article 3 de la loi du 2 novembre 1892.

« Art. 3. — Les jeunes ouvriers ou ouvrières jusqu'à l'âge de dix-huit ans et les femmes ne peuvent être employés à un travail effectif de plus de onze heures par jour, coupées par un ou plusieurs repos, dont la durée totale ne poura être inférieure à une heure, et pendant lesquels le travail sera interdit.

« Au bout de deux ans à partir de la promulgation de la présente loi, la durée du travail sera réduite à dix heures et demie et, au bout d'une nouvelle période de deux ans, à dix heures.

« Dans chaque établissement, sauf les usines à feu continu et les mines, minières et carrières, les repos auront lieu aux mêmes heures pour toutes les personnes protégées par la présente loi. »

La première période prévue par le paragraphe 2 expirait en mars 1902, le seconde période expire en mars 1904; en conséquence à partir de cette date la journée des mineurs des deux sexes et des femmes sera de dix heures dans les établissements cités ci-dessus.

D'autre part le décret du 3 mai 1893 applique en la précisant la loi du 2 novembre 1892 aux mines, minières et carrières et fixe la durée des heures de travail des jeunes ouvriers ayant moins de seize ans à huit heures par poste et par 24 heures. Le travail des jeunes ouvrières de seize à dix-huit ans ne peut dépasser dix heures.

Telle est la réglementation des heures pour les femmes et les mineurs des deux sexes.

La loi du 30 mars 1900 par le 5e paragraphe de son article premier supprime les paragraphes 2 et 3 de l'article 4 de la loi du 30 novembre 1892 réglant les conditions du travail de nuit pour les enfants des deux sexes âgés de moins de dix-huit ans.

Art. 4, § 1er. — « Les enfants âgés de moins de 18 ans, les filles mineures et les femmes ne peuvent être employés à aucun travail de nuit dans les établissements énumérés à l'article premier. »

Les paragraphes 4, 5, 6 et 7 de l'article cité ci-dessus visent les dérogations à la loi qui sont réglées par le décret du 15 juillet 1893, modifié par les décrets des 26 juillet 1895, 29 juillet 1897 et 24 février 1898. La circulaire ministérielle du 21 septembre 1902 commente ces dérogations en limitant à 100 heures par an les autorisations à accorder par l'inspecteur divisionnaire du travail.

Plusieurs décrets établissent la nomenclature des établissements pouvant déroger aux diverses lois en vigueur.

Telle est la question concernant les heures de travail, nous avons cru devoir l'exposer séparée des autres questions parce qu'elle se trouve en ce moment très discutée.

Nous devons signaler aussi que certaines catégories d'établissements échappent totalement à la réglementation ; c'est ainsi que les établissements commerciaux, magasins, laboratoires ou autres sont en dehors de ces lois, il y a donc là une lacune très regrettable qui contribue même à jeter la confusion dans l'application rigoureuse des mesures protectrices si nécessaires au monde du travail.

Il y a lieu de citer aussi la loi du 14 mars 1891 qui fixe par un article unique l'heure temps moyen de Paris comme heure légale en France et en Algérie.

Cette loi de mars 1891 a une certaine importance pour le contrôle des inspecteurs du travail.

La loi du 2 novembre 1892 exige des patrons l'affichage des heures auxquelles commence et finit le travail ainsi que la durée et les heures de repos.

PROJETS

Plusieurs projets ont été déposés à la Chambre pour modifier tant la loi de 1848 que celle de 1900.

Le 10 juin 1902, M. Suchetet, député, déposait un projet dont le troisième paragraphe de l'article unique est ainsi rédigé :

« Mais si les ouvriers adultes des deux sexes, si les mineurs de l'un ou l'autre sexe (ceux-ci autorisés par leurs parents ou leurs tuteurs), demandent à faire des heures supplémentaires, les uns et les autres seront libres de travailler ou de ne pas travailler en dehors des limites prescrites. »

M. Suchetet aurait pu se contenter de dire les lois du 9 septembre 1848 et 30 mars 1900 sont abrogées, ce qui aboutirait au même résultat et serait certainement plus catégorique.

En octobre 1902 M. Congy, député, a déposé un projet qui tend à abroger l'article 2 de la loi du 30 mars 1900 que nous citons ci-dessus.

Un troisième projet a été déposé par M. Millerand, député, le 14 octobre 1902; nous le citons dans son entier.

« Article unique. — L'article premier, § 1er, de la loi du 9 septembre 1848 est modifié ainsi qu'il suit :

« La journée de l'ouvrier adulte, dans les établissements énumérés par l'article 1er de la loi du 2 novembre 1892 ne pourra excéder douze heures de travail effectif. »

Le projet Millerand est la précision de cet article premier si élastique de la loi du 9 septembre 1848.

LÉGISLATION SPÉCIALE

Pour terminer la réglementation des heures de travail nous citerons les décrets du 10 août 1899, sur les conditions du travail dans les marchés passés au nom de l'Etat, des départements, des communes et des établissements publics de bienfaisance.

Article premier. — « Les cahiers des charges......

« 1° Assurer aux ouvriers un jour de repos par semaine ;

« 3° Payer aux ouvriers un salaire normal égal, pour chaque profession et dans chaque profession pour chaque catégorie d'ouvriers, aux taux couramment appliqués dans la ville ou la région où le travail a été exécuté ;

« 4° Limiter la durée du travail journalier à la durée normale du travail en usage, pour chaque catégorie, dans ladite ville ou région.

« En cas de nécessité absolue l'entrepreneur pourra, avec l'autorisation de l'administration, déroger.....

« Les heures supplémentaires ainsi faites par les ouvriers, donneront lieu à une majoration du salaire dont le taux sera fixé par le cahier des charges. »

Le décret prévoit également que, pour fixer le taux normal et courant de la journée, l'administration devra se référer, autant que possible, aux accords existants entre les syndicats patronaux et ouvriers de la localité ou de la région.

Hygiène et sécurité des travailleurs

La loi du 2 novembre 1892 prévoit, dans son article 2, que les enfants ne peuvent être employés avant l'âge de 13 ans, à moins qu'ils n'aient leur certificat d'études et soient munis d'un certificat d'aptitude physique délivré par un médecin; les inspecteurs du travail peuvent requérir l'examen médical d'un enfant au-dessous de 16 ans.

Les enfants âgés de moins de 13 ans ne peuvent être employés comme figurants dans les théâtres.

Les filles et les femmes ne peuvent être admises dans les travaux souterrains des mines, minières, carrières.

Les femmes, filles et enfants ne peuvent être employés dans les établissements insalubres ou dangereux.

Les établissements doivent être tenus dans un état constant de propreté et bien ventilés.

Les appareils mécaniques, roues, moteurs ou autres seront garantis.

Les patrons doivent veiller au maintien des bonnes mœurs et à l'observation de la décence publique.

La loi du 12 juin 1893 précise certains articles de la loi 1892.

Les puits, trappes et ouvertures doivent être clôturés; des mesures générales sont applicables à tous les établissements assujettis, éclairage, aération, ventilation, eaux potables, fosses d'aisance, évacuation de poussières, précautions contre les incendies, etc.

Le décret du 10 mars 1894 porte règlement d'administration publique de la loi ci-dessus.

Les emplacements réservés au travail seront tenus constamment propres. Dans les locaux où l'on travaille des matières organiques altérables, le sol sera rendu imperméable. Le sol et les murs seront lavés souvent, les résidus putrescibles ne devront jamais séjourner dans les locaux.

L'atmosphère des ateliers sera toujours tenue à l'abri de toute émanation d'égout, fossés, puisards, fosses d'aisances ou de toute autre source d'infection.

Les cabinets d'aisance ne devront pas communiquer avec les locaux fermés.

Les ouvriers ne devront pas prendre leurs repas dans les locaux affectés au travail.

Ce décret fixe une série de mesures destinées à protéger la santé des travailleurs et pourvoir à leur sécurité.

Le décret du 13 mai 1893, prévoit que les enfants au-dessous de 18 ans, les filles mineures et les femmes ne pourront être employés au graissage des machines. Les enfants au-dessous de 18 ans ne peuvent faire tourner des appareils en sautillant sur une pédale. Divers articles concernent les scies circulaires et à rubans, d'autres le travail des verreries, d'autres interdisent le nettoyage des maisons par les enfants, au moyen d'échafaudage volant.

Le poids que peuvent porter les enfants au-dessous de 18 ans est déterminé par cette loi, au-dessous de 14 ans, 10 kilog, de 14 à 18 ans, 15 kilog.

Il est interdit de faire traîner ou pousser de trop lourdes charges aux jeunes travailleurs.

Des tableaux désignent les établissements où les jeunes travailleurs ne peuvent être employés.

Le décret du 21 juin 1897 complète la nomenclature des établissements dans lesquels le travail des enfants, filles mineures et femmes est autorisé.

L'arrêté du 31 juillet 1894 fixe les charges que pourront traîner ou pousser les enfants et filles âgés de moins de 18 ans.

La loi du 7 décembre 1874 traite de la protection

des enfants dans les professions ambulantes, cette loi est modifiée par la loi du 19 avril 1898.

La loi du 29 décembre 1900 oblige les commerçants à fournir des sièges aux femmes employées dans les magasins, boutiques ou locaux en dépendant.

Le décret du 14 juillet 1901 a trait à l'aération, à l'éclairage et au chauffage des locaux réservés au travail.

Le décret du 6 août 1902 concerne l'isolement des cabinets d'aisance et leur constant état de propreté.

Il concerne aussi la facilité d'isolement des machines-outils par le conducteur qui l'actionne.

La loi du 11 juillet 1903 porte modification à la loi du 12 juin 1893.

Sont soumis aux dispositions de cette loi : les manufactures, fabriques, usines, chantiers, ateliers, laboratoires, cuisines, caves et chais, magasins, boutiques, bureaux, entreprises de chargement et de déchargement et leurs dépendances, de quelque nature que ce soit, publics ou privés, laïques ou religieux, même lorsque ces établissements ont un caractère d'enseignement professionnel ou de bienfaisance.

Les dispositions sont applicables aux théâtres, cirques et autres établissements similaires.

Comme on le voit, la loi du 11 juillet 1903 a complété la liste des établissements visés pour les questions d'hygiène et de sécurité des travailleurs, qui est déterminée par les différentes lois et décrets cités ci-dessus, mais, comme il est dit plus haut, certains de ces établissements échappent à la réglementation des heures de travail.

Diverses pénalités sont applicables pour la non-observation de ces lois; nous les citons au chapitre « Inspection du travail ».

PROJETS

Rapport du ministre du Commerce

Divers projets tendent à modifier la loi de 1892, ils sont en partie résumés dans le rapport ci-dessous, du ministre du Commerce.

Le 30 novembre 1903, par un rapport adressé à M. le Président de la République, le ministre du Commerce, M. Trouillot, rendait compte de l'application des lois du travail, de l'hygiène et de la sécurité des travailleurs.

Le ministre constate beaucoup de manque de bonne volonté de la part des employeurs, il constate aussi de la négligence et du manque de soins venant du travailleur.

La petite industrie manque de propreté; il est à remarquer que le peu de surface des locaux en est une des principales conséquences. Les ateliers employant des matières putrescibles laissent, en général, beaucoup à désirer du côté de l'hygiène, les lavages prescrits par la loi ne sont pas observés.

Dans beaucoup de locaux, le cube d'air est insuffisant; dans d'autres, où l'air contient beaucoup de poussières, la ventilation est insuffisante.

Dans certains établissements malsains, on tolère aux travailleurs de manger à l'atelier, l'air n'y est pas renouvelé.

Le ministre constate que les conditions de la journée de travail sont assez bien observées.

Le rapport conclut par certaines dispositions qui feront l'objet de lois ou de décrets.

« *Sécurité* :

« Modification à l'article 5 du décret de 1894, affichage du nombre de personnes que le cube d'air existant dans l'atelier permet.

« Modification à l'article 8 du même décret, question des repas dans les ateliers,

« Modification des articles 5, 6 et 9 du même décret, réunion en un seul article des dispositions concernant l'aération des ateliers.

« Projet de décret prescrivant les précautions à prendre pour l'installation des passerelles qui servent au transport des fardeaux.

« Projet de décret prescrivant les mesures à prendre contre l'éclatement des engins tournant à grande vitesse. »

« *Hygiène, Travaux de la Commission d'hygiène industrielle :*

« Projet de décret étendant à tous les travaux de peinture les dispositions du décret du 18 juillet 1902 concernant la céruse.

« Précautions à prendre dans les industries où sont employées des matières animales susceptibles de provoquer des infections charbonneuses.

« Précautions à prendre contre les contaminations provenant de la manipulation du linge sale dans les blanchisseries.

« Danger d'intoxication saturnine que présentent les diverses industries employant le plomb ou ses composés (émail).

« Danger d'intoxication mercurielle des travaux de dorure, d'étamage des miroirs de la fabrication des lampes à incandescence, des baromètres et des thermomètres.

« Produits nocifs employés dans la teinturerie.

« Maladies spéciales aux dévideurs de cocons de vers à soie, dite maladie des bassines. »

Alcoolisme

Avant de conclure, nous nous permettrons de formuler un vœu qui concerne tout particulièrement les travailleurs, il est relatif à l'alcoolisme.

Non seulement l'alcool dégrade l'homme, avilit l'individu, mais est encore la cause de nombreuses maladies et de la dégénérescence de l'espèce humaine.

Il est un des plus terribles fléaux qui sévisse sur les classes laborieuses; combien d'esprits bien conformés sont annihilés par la puissance de l'alcool, combien aussi de misères engendrées par la même cause.

C'est pourquoi, dans toutes circonstances, il est nécessaire de mettre en garde les travailleurs contre une des causes qui prolongent leur asservissement, les mettant ainsi dans un état d'infériorité notoire vis-à-vis des employeurs intéressés à maintenir un état de choses dont ils tirent le plus grand profit.

CONCLUSIONS

Nous concluons :

1° Codification des lois, décrets et arrêtés concernant les heures du travail, l'hygiène et la sécurité des travailleurs ;

2° Extension de l'ensemble de cette juridiction à tous les travailleurs;

3° Suppression radicale du travail de nuit pour les enfants mineurs des deux sexes et les femmes ;

4° Limitation de la journée à huit heures de travail effectif pour tous les salariés des deux sexes, sauf les ouvriers agricoles qui, pendant les moissons, sont astreints à suivre les variations atmosphériques ;

5° La journée de huit heures sera coupée par un repos qui ne pourra être inférieur à une heure ;

6° Limitations strictes et rigoureuses des dérogations à accorder et tendant, dans des cas exceptionnels, à prolonger la durée du travail au delà de huit heures ;

7° Tout travailleur aura droit à un jour de repos par semaine.

8° Fixation d'un minimum de salaire par régions,

basé sur les conditions de vie d'un ménage de trois enfants;

9° Subvention par les communes, les départements et l'Etat aux ménages comptant plus de trois enfants dont les moyens d'existence seront insuffisants.

Il importe que la réduction des heures de travail ne réduise pas les moyens d'existence des travailleurs, si certains de ces derniers ont combattu dans plusieurs cas les mesures protectrices que les lois leur accordaient, c'est pour le seul motif que leurs ressources devenaient insuffisantes, par pure question de besoin et non, comme veulent bien le faire entendre les bénéficiaires de l'exploitation des travailleurs, par nécessité d'occupation, destinée à leur faire passer le temps, afin de les empêcher de s'abrutir dans les cabarets;

10° Complément de la législation codifié:

A. Par l'insertion des mesures désignées par le ministre du commerce dans son rapport du 30 novembre 1903;

B. Par l'addition du texte obligeant à l'assainissement des puits, fosses, etc., avant d'y laisser descendre les travailleurs;

C. Par l'interdiction de laisser travailler les individus en état d'ivresse;

D. Par l'interdiction d'employer les femmes enceintes six semaines avant et six semaines après l'accouchement.

V

ACCIDENTS DU TRAVAIL

LÉGISLATION

Les accidents du travail sont régis par les articles 319, 320 du Code pénal, 1382, 1383, 1384 du Code civil, par les lois du 9 avril 1898, 22 mars 1902, 21 avril 1898 et 30 mars 1899.

Droit commun

Application des articles 319, 320 du Code pénal et 1382, 1383, 1384 du Code civil.

Art. 319 du Code pénal. — « Quiconque par maladresse, imprudence, inattention, négligence ou inobservation des règlements, aura commis involontairement un homicide, ou en aura involontairement été la cause, sera puni d'un emprisonnement de trois mois à deux ans et d'une amende de cinquante à six cents francs. »

Art. 320. — « S'il n'est résulté du défaut d'adresse ou de précautions que des blessures ou coups, le coupable sera puni de six jours à deux mois d'emprisonnement et d'une amende de seize francs à cent francs ou de l'une de ces deux peines seulement. »

Art. 1382 du Code civil. — « Tout fait quelconque de l'homme qui cause un dommage, oblige celui par la faute duquel il est arrivé à le réparer. »

Art. 1383. — « Chacun est responsable du dommage qu'il a causé non seulement par son fait, mais encore par sa négligence ou par son imprudence. »

Art. 1384. — « On est responsable non seulement du dommage que l'on cause par son propre fait, mais encore de celui qui est causé par le fait des personnes dont on doit répondre, ou des choses que l'on a sous sa garde. »

Le patron est responsable d'un accident dans deux cas distincts, soit lorsqu'il a personnellement commis une faute cause de l'accident, soit lorsqu'un de ses préposés a commis une faute cause de l'accident.

Le patron au contraire échappe à toute responsabilité lorsque l'accident dérive exclusivement :

Soit d'un cas fortuit ou d'un cas de force majeure ;

Soit d'une faute de la victime.

Avant les lois du 9 avril 1898 et 30 mars 1899 ces textes de droit commun étaient d'application générale. Aujourd'hui ils ne sont plus appliqués qu'aux professions commerciales à moins qu'elles ne prennent le titre de « chantier », aux ouvriers agricoles dont l'employeur n'utilise pas de moteurs inanimés, aux hommes de peine, garçons de laboratoire, employés de commerce, préparateurs, domestiques et serviteurs attachés à la personne ou à la propriété d'un particulier, cuisiniers, cochers, jardiniers, femmes de chambre, etc.

Loi du 21 avril 1898

La loi du 21 avril 1898 a eu pour objet la création d'une caisse de prévoyance entre les marins français contre les risques et accidents de leur profession.

Loi inique déposée par l'amiral Besnard et votée par le Parlement dans l'espace de huit jours sans aucune discussion. La quotité des pensions est basée sur des principes absolument arbitraires. C'est ainsi qu'en cas d'incapacité permanente totale et pour un même salaire de 1.200 francs, le terrien aura, en vertu de la loi du 9 avril 1898, une pension viagère de 800 francs tandis que le marin aura, par la loi du 21 avril 1898, une rente de 204 francs seulement.

Les différents projets de modification à la législation des accidents du travail ne paraissent pas s'appliquer au prolétariat de la mer, qui semble pour l'instant un peu délaissé.

Loi du 9 avril 1898

Article premier. — « Les accidents survenus par le fait du travail ou à l'occasion du travail aux ouvriers et employés occupés dans l'industrie du bâtiment, les usines, les manufactures, chantiers, les entreprises de transport par terre et par eau, de chargement et de déchargement, les magasins publics, mines, minières, carrières et, en outre, dans toute exploitation ou partie d'exploitation dans laquelle sont fabriquées ou mises en œuvre des matières explosives ou dans laquelle il est fait usage d'une machine mue par une force autre que celle de l'homme et des animaux, donnent droit au profit de la victime ou de ses représentants à une indemnité à la charge du chef d'entreprise, à la condition que l'interruption du travail ait duré plus de quatre jours.

« Les ouvriers qui travaillent seuls d'ordinaire ne pourront être assujettis à la présente loi par le fait de la collaboration accidentelle d'un ou de plusieurs de leurs camarades. »

Art. 2. — « Les ouvriers et employés désignés à l'article précédent ne peuvent se prévaloir, à raison des accidents dont ils sont victimes dans leur travail d'aucunes dispositions autres que celles de la présente loi. »

. . . .

De ce chef la preuve en matière de responsabilité civile n'appartient pas à la victime de l'accident; seul le procureur de la République peut l'exiger.

La loi de 1898 consacre la théorie du risque professionnel institué au profit des seuls ouvriers et employés occupés dans les industries ou entreprises qui font l'objet de la présente loi.

Il faut que l'accident soit survenu soit par le fait du travail, soit à l'occasion du travail.

La victime de l'accident a droit suivant les cas :

1° A une indemnité temporaire ;

2° Aux frais médicaux et pharmaceutiques ;

3° Pour l'incapacité permanente et absolue à une rente égale aux deux tiers de son salaire annuel ;

4° Pour incapacité permanente, mais partielle, à une rente égale à la moitié de la réduction que l'accident a fait subir au salaire ;

5° Lorsque l'accident est suivi de mort une pension est, à partir du décès, servie aux représentants de l'ouvrier ou employé suivant un ordre de préférence analogue à l'ordre successoral ;

6° Les frais funéraires sont à la charge de l'employeur.

Les obligations du chef d'entreprise sont aggravées s'il est prouvé que l'accident est dû à la faute inexcusable de l'employeur ou à la faute inexcusable de ceux qu'il s'est substitué dans la direction : en ce cas l'indemnité pourra être majorée.

Les obligations sont atténuées s'il est prouvé que l'accident est dû à la faute inexcusable de l'ouvrier.

Les obligations cessent même d'incomber dans certains cas à l'employeur.

La loi du 22 mars 1902 a précisé certains points de détail de la loi du 9 avril 1898.

Comme toutes les lois nouvelles visant des cas étendus et des intérêts considérables, la loi de 1898 n'a pas été sans rencontrer une très vive opposition ; elle n'est pas non plus exempte des différentes controverses quant à son application.

Loi du 30 juin 1899

La loi du 30 juin 1899 vise spécialement les accidents occasionnés par des machines agricoles à moteurs inanimés; dans ce cas, la juridiction est la loi du 9 avril 1898.

Les ouvriers agricoles non soumis à cette loi, restent donc sous le droit commun et pourraient se trouver compris dans la proposition facultative ci-dessous citée.

Nous allons exposer succinctement quelques lacunes ainsi que divers cas absolument connexes ressortissant du droit commun, qui, ayant le même caractère, devraient à juste titre tomber sous le coup de la loi de 1898.

Jurisprudences

Si nous examinons certaines jurisprudences nous constatons, pour des faits identiques, quand au fond, des jugements nettement contradictoires.

C'est ainsi que la Cour de Bourges, le 4 juin 1901 déclarait la profession de maréchal-ferrant non assujettie à la loi de 1898, tandis que les cours d'Amiens, 9 avril 1902 et de Riom, 13 novembre 1903, se prononçaient en sens contraire.

La Cour d'Agen, le 16 mars 1903 déclarait la profession de boucher non assujettie, tandis que le tribunal civil de la Seine, le 23 mars 1903, la déclarait assujettie.

Les Cours d'appel de Besançon, le 13 août 1902 et Bordeaux, le 25 mars 1902, déclaraient les marchands de vins en gros assujettis, tandis que la Cour de Besançon, le 13 août 1902, le tribunal de Paix du 5e arrondissement de Paris, le 23 mai 1902, déclaraient la même profession et les épiciers en gros non assujettis.

Le Tribunal civil de la Seine, le 30 juillet 1902 déclarait un magasin de nouveautés possédant un monte-charge assujetti, tandis que la loi ne paraît pas s'appliquer aux exploitations commerciales.

Le même Tribunal, le 12 décembre 1902, déclarait

non assujetti, un patron boulanger ne faisant pas usage de pétrin mécanique.

La Cour de Douai, le 24 février 1902, déclarait que le fait par un ouvrier de lancer pendant le travail à un autre ouvrier les morceaux de glace que celui-ci avait brisé, n'était pas assujetti. Le Tribunal de la Seine, le 27 janvier 1903, déclarait que la veuve d'un ouvrier, tué d'un coup de couteau par un autre, à qui il avait refusé un outil n'était pas assujetti, tandis que la Cour de Cassation, le 23 avril 1902, considérait comme assujettie la blessure reçue par une ouvrière qui, au cours de son travail, avait été atteinte par un morceau de verre, lancé par une autre ouvrière.

Le 9 décembre 1903 le Tribunal civil d'Alençon jugeait que le marchand de charbon et de matériaux de construction qui achète des marchandises et les fait transporter pour les revendre n'est pas assujetti sous prétexte qu'il n'est pas entrepreneur de transports.

La Cour d'appel de Douai, le 9 juin 1902, déclarait que le fait, par un ouvrier resté sur le chantier d'être blessé ou tué pendant une interruption régulière des travaux n'est pas assujetti; par contre le Tribunal civil de la Seine, le 10 mai 1902, et la Cour d'appel de Paris, ont déclaré que l'accident arrivé à un ouvrier dans les mêmes conditions, était assujetti.

On pourrait multiplier ces exemples. C'est ainsi que deux voitures se heurtent, les deux conducteurs sont tués; celui-ci est au service d'un entrepreneur de transports assujetti à la loi de 1898; celui-là est un livreur au service d'un commerçant, directeur de quelque grande maison de nouveautés, de quelque établissement considérable d'épicerie ou de quelque grand bazar, etc., tous entrepreneurs non assujettis, la veuve et les enfants du premier seront certains de recevoir une pension, tandis que ceux du second n'y ont aucun droit.

Deux travailleurs : l'un, commis aux écritures dans les bureaux d'une usine, monte sur une échelle, glisse, tombe et se tue, la loi de 1898 le protége; l'autre, employé chez un commerçant, trouve la mort dans les mêmes circonstances, la loi de 1898 ne le connaît pas.

Dans un autre ordre d'idées, la loi présente aussi d'importantes lacunes. Les tribunaux sont très divisés sur cette question.

« En matière d'accident de travail, l'état d'infirmité dans lequel se trouvait la victime avant l'accident, importe-t-il au point de vue du calcul de l'indemnité à laquelle elle a droit? »

Les Cours de Caen, le 11 février 1901; Montpellier, 22 mars 1901; Lyon, 27 mars 1901, décidèrent qu'il serait contraire à l'esprit général de la loi du 9 avril 1898, d'apprécier le degré de gravité de l'incapacité dont est frappé l'ouvrier victime d'un accident, en tenant compte des circonstances antérieures à l'accident et extrinsèques aux suites mêmes de cet accident.

La Cour d'Appel de Paris, le 16 février 1901, décidait dans un sens contraire.

Enfin, le 16 février 1901, la Cour de cassation rendait l'arrêt suivant:

La Cour suprême décide: « qu'en matière d'accident du travail, l'état d'infirmité dans lequel se trouvait la victime avant l'accident importe peu au point de vue du calcul de l'indemnité à laquelle elle a droit ».

Malgré cet arrêt de la Cour suprême, la Cour de Rouen décidait, le 22 mars 1901, dans un sens contraire, et nombreux sont les cas où la rente et l'indemnité sont réduites sous prétexte que l'aggravation de la blessure est due à une maladie antérieure.

Certains médecins voient des alcooliques dans toute la classe des travailleurs et, partant de ce principe, ils ne se font pas faute d'invoquer ce grief à tout propos pour réduire l'indemnité; d'autres sont convaincus qu'il n'y a, dans cette même classe, que des tuberculeux. Cet argument est aussi très souvent invoqué.

Il est utile aussi de parler des réductions d'indemnité ou de rente sur les soins donnés à l'ouvrier.

Le 10 juin 1903, la Cour de Douai a réduit la rente d'un ouvrier qui se refusait à suivre le traitement ordonné par le médecin du patron.

Le 23 juillet 1902, la Cour de Nîmes réformait un jugement rendu en faveur d'un ouvrier blessé à l'occasion du travail qui ne voulait être soigné que par un médecin désigné par lui. La Compagnie qui employait cet ouvrier faisait valoir que son médecin pouvait le guérir.

Le 19 février 1902 la Cour d'appel d'Amiens a refusé une rente à un ouvrier qui n'avait voulu se soumettre à aucun soin.

Le 17 janvier 1903 la Cour d'appel d'Aix a refusé dans un cas de revision la demande formulée par un ouvrier pour aggravation de maladie ; le motif est que l'aggravation était due à la négligence et au mauvais vouloir de l'ouvrier.

Ces divers jugements reposent sur des diagnostics de médecins, très faillibles puisque, dans un même cas, plusieurs médecins peuvent donner des avis différents.

D'autre part un ouvrier peut avoir confiance dans le médecin qu'il a choisi tandis que le médecin du patron peut lui paraître suspect et ne lui inspirer aucune confiance.

Peut-on dans ce cas invoquer le mauvais vouloir de l'ouvrier pour le fait de ne pas se laisser soigner par le médecin de l'employeur ? ce fait nous paraît illogique.

Un fait doit être également signalé il a trait à l'établissement de la quotité de salaire devant servir de base à la détermination de la rente due à un ouvrier en cas d'accident ou à ses ayants droit en cas de décès.

Ainsi le tribunal d'Arras a décidé que, bien que le droit de grève soit légal, il doit être seulement exercé aux risques et périls de celui qui en use.

Le temps de chômage volontaire déterminé par une

grève est donc déduit du salaire de l'ouvrier pour le calcul de la rente à lui verser ou à ses ayantsdroit.

Il en est de même pour chômage involontaire dû à la maladie. (Cour de Douai, le 8 décembre 1902.)

Le salaire de base est donc la valeur intrinsèque de la somme que le travailleur a touché et non celle qu'il aurait pu toucher.

Nous estimons ce procédé injuste, car rien ne prouve que les années suivantes l'ouvrier serait dans le même cas.

Opinion du Président Magnaud

Pour terminer nos citations nous donnerons le principe d'un jugement du tribunal de Château-Thierry, le 17 janvier 1900, présidence de M. Magnaud.

Il s'agit d'un ouvrier tué dans un éboulement de carrière : « La faute inexcusable au sens de l'article 20 de la loi du 9 avril 1898 est celle que le patron ou l'ouvrier devait éviter, s'il n'avait pas fait preuve d'une négligence ou d'une incurie en quelque sorte coupable et que tout homme soucieux de la vie de ses semblables ou de la sienne, sinon de ses propres intérêts, ne doit pas commettre.

« Il ne faut d'ailleurs pas perdre de vue que la loi susvisée de 1898 sur les accidents du travail a été faite surtout pour améliorer le sort des travailleurs et de leur famille privée temporairement ou définitivement de son chef, et qu'en conséquence pour répondre au vœu du législateur elle doit être interprétée dans le sens le plus favorable aux ouvriers. »

Il serait à souhaiter que tous les magistrats et nos législateurs s'inspirent de pareils avis.

PROJETS

Diverses propositions de modifications de la loi de 1898 ont été proposées au Parlement et sont actuellement à l'étude des Commissions intéressées ; elles émanent presque toutes de M. Mirman, député de Reims ; nous nous contenterons d'en citer deux principales :

En juin 1901, la Chambre a adopté un ensemble de modifications qui avaient pour effet de dissiper les fâcheuses obscurités, dont quelques-unes ont été signalées ci-dessus, et dans lesquelles se débat la jurisprudence. Le Sénat en est saisi depuis cette date.

En 1902, M. Mirman a déposé un projet tendant à préciser l'article 19 de la loi de 1898, reproduit ci-dessous.

« Art. 19. — La demande en revision de l'indemnité, fondée sur une aggravation ou atténuation de l'infirmité de la victime ou de son décès par suite des conséquences de l'accident, est ouverte pendant trois ans, à dater de l'accord intervenu entre les parties ou de la décision définitive. »

La loi, ayant fait des médecins des juges incontestés en cette matière (leurs erreurs sont, hélas! bien fréquentes), le tribunal, sur le vu des certificats médicaux a jugé que la victime, au moment de l'accident, n'était pas atteinte d'incapacité permanente, qu'il n'y avait pas lieu de lui attribuer une rente. Quelque temps après, cette décision est devenue définitive, des complications se produisent dans l'état de la victime et qui sont manifestement la conséquence de l'accident ; la victime meurt ou reste infirme.

L'article 19 ne peut être invoqué, car on ne peut reviser qu'une indemnité précédemment fixée ; en l'espèce l'indemnité ayant été refusée, étant en présence d'une chose jugée, il n'y a plus rien à faire.

M. Mirman propose donc la nouvelle rédaction suivante :

Art. 19. — « La demande en revision fondée sur une aggravation ou une amélioration dans l'état de la victime ou sur son décès par suite des conséquences de l'accident, est ouverte pendant trois ans à dater de l'accord intervenu entre les parties ou de la décision définitive.

« L'accord des parties sur l'indemnité temporaire à laquelle la victime avait droit sera suffisamment établi par le paiement du demi-salaire de l'ouvrier pendant le temps assigné par le certificat médical pour la durée probable de l'incapacité. Le paiement des demi-salaires peut être établi par la victime par tous modes de preuves. »

. . . .

Nous appuyons la proposition de M. Mirman, que nous considérons d'extrême urgence.

Une autre proposition a été déposée par le même auteur, qui en a été nommé rapporteur.

Article premier. — « La loi du 9 avril est applicable aux ateliers comme à toutes les autres exploitations industrielles.

« Elle sera étendue six mois après la promulgation de la présente loi à tous les employés occupés dans le commerce.

« En ce qui touche l'agriculture et les marins, la présente loi ne modifie point les lois du 30 juin 1899 et 21 avril 1898. »

Le rapport de M. Mirman étend le bénéfice de la loi à tous les ateliers, aux exploitations industrielles. au commerce, aux employés de l'Etat, des Villes et des Communes.

Les employés, préparateurs, hommes de peine des laboratoires scientifiques qui ne font point payer les analyses, les gens de maison, domestiques, serviteurs attachés à la personne ou à la propriété d'un particulier, cuisiniers, concierges, cochers, jardiniers, etc., restent soumis au droit commun.

Le 10 février 1902, toujours sur la proposition de M. Mirman, la Commission de la Chambre adoptait également le texte suivant :

Article unique. — « Tout employeur non assujetti à la loi du 9 avril 1898, peut se placer sous le régime de ladite loi pour tous les accidents qui surviendraient à ses ouvriers et employés par le fait du travail ou à l'occasion du travail.

« Cet assujettissement résulte de plein droit d'une déclaration déposée à la mairie dans les formes déterminées par décret. Il est délivré gratuitement, récépissé immédiat de cette déclaration qui est transcrit sur un registre spécial tenu à la disposition des intéressés. »

. . . .

Comme on le voit, cet article laisse aux employeurs, qui resteront soumis au droit commun, la faculté de se réclamer de la loi du 9 avril 1898.

CONCLUSIONS

Nous concluons :

1° Assimilation à la loi du 9 avril 1898 de quiconque loue son travail moyennant salaire;

2° Unification de la jurisprudence ;

3° Estimation de la rente et de l'indemnité à accorder, basée sur le prix de série par corporation, usages et coutumes régionaux ;

4° Assimilation à la loi de 1898 des maladies dites professionnelles;

5° Allocation de la rente sans tenir compte de l'état morbide de la victime ;

6° Modification de l'article 19 suivant la proposition présentée par M. Mirman ;

7° Allocation de l'indemnité due pour accident à partir du jour où la blessure a été contractée.

8° Rattachement à la juridiction des prud'hommes des questions concernant les accidents du travail.

VI

TRAVAILLEURS ETRANGERS

LÉGISLATION

Par la loi du 8 août 1893, tout étranger arrivant en France doit dans le délai de huit jours faire une déclaration de résidence en justifiant de son identité, et doit en cas de changement de résidence faire viser, dans les deux jours à la mairie, son certificat d'immatriculation.

L'étranger qui n'a pas fait dans le délai déterminé la déclaration imposée par la loi ou qui refuse de produire son certificat à la première réquisition est passible d'une amende de 50 à 500 francs.

Celui qui a fait une fausse déclaration est passible d'une amende de 100 à 300 francs et s'il y a lieu de l'interdiction temporaire ou indéfinie du territoire français.

Les employeurs sont responsables de l'observation de ces prescriptions et, lorsqu'ils emploient des étrangers non munis du certificat d'immatriculation, ils sont passibles des peines de simple police.

Le deuxième paragraphe de l'article premier du décret du 10 août 1899 prévoit que les préfets devront fixer le nombre d'ouvriers étrangers à employer dans les divers travaux dépendant des départements et des communes, ainsi que pour les établissements de bienfaisance; en général ce chiffre est fixé à un dixième des ouvriers occupés.

Telle est la législation en ce qui concerne les travailleurs étrangers.

PROJETS

Depuis cette loi, divers projets ont été soumis au Parlement sur cette question, nous nous bornerons à examiner les plus récents sans tenir compte des diverses propositions qui ont été soumises dans les textes de projets de lois plus généraux.

Le 16 juin 1902, M. Emile Chauvin député, a déposé une proposition de loi sur la protection du travail national.

« Art. 2. — Tout patron qui emploie des étrangers est astreint au paiement, au profit de l'État, d'une taxe fixée, pour chaque ouvrier ou employé occupé à 100 francs par an dans les villes ayant une population de plus de 100.000 âmes, et 60 francs dans les centres ayant une population inférieure.

« Art. 4. — Toute contravention à la présente loi sera punie d'une amende de 200 à 1,000 francs.

« En cas de récidive, l'amende sera doublée et une condamnation à un emprisonnement de trois mois à un an pourra être prononcée contre le délinquant. »

Le 14 octobre 1902, M. Georges Grosjean, député, déposait un projet de loi tendant au même résultat par l'établissement d'une taxe de 0 fr. 50 par jour par ouvrier étranger occupé, malgré cette taxe le projet prévoit la limitation des ouvriers étrangers pour toutes catégories d'industrie.

Des pénalités très sévères sont prévues et les amendes viendront grossir les fonds affectés aux retraites pour la vieillesse.

Un troisième projet a été déposé à la Chambre par M. Jourde, député, le 6 mai 1893, par MM. Jules Coutant, Vaillant, députés, et plusieurs de leurs collègues le 24 novembre 1898, par M. Jules Coutant député et plusieurs de ses collègues le 1er décembre 1902.

L'exposé des motifs porte que le recensement de 1896 affirme la présence de 109,000 chefs d'établissements et 430,000 employés et ouvriers étrangers.

Voici le dispositif dans son entier :

Article premier. — « Il est interdit à tout employeur, sur tout le territoire francais, de payer les ouvriers étrangers à un salaire inférieur à celui basé sur les tarifs des chambres syndicales ouvrières, locales ou régionales ; à défaut de celles-ci, les salaires seront calculés, sur la moyenne des tarifs en vigueur dans la localité, par les Conseils municipaux et seront affichés dans les mairies.

Art. 2. — « La proportion des ouvriers étrangers employés dans les mines, manufactures, chantiers, exploitations, agricoles ou industrielles, ne devra jamais en aucun cas dépasser 10 0/0.

Art. 3. — « Toute contravention à la présente loi sera punie d'une amende de 200 à 1,000 francs. En cas de récidive, l'amende sera doublée et une condamnation à un emprisonnement de trois mois à un an pourra être prononcé contre le délinquant. »

Le projet de Jules Coutant, nous paraît le seul logique en bon sens et en humanité, et nous sommes convaincus que certains esprits larges parmi les plus modérés l'approuveront sans restriction.

Voici comment s'exprimait M. Jules Develle, ministre des affaires étrangères, dans la séance du 6 mai 1893, alors que divers projets de taxation des employeurs occupant des ouvriers étrangers étaient proposés :

« C'est atteindre l'ouvrier étranger d'une façon indirecte que d'imposer une taxe au patron, car celui-ci pourrait la rejeter sur l'ouvrier; ce serait une taxe indirecte et hypocrite. »

De telles déclarations se passent de commentaire et démontrent combien sont injustes les propositions de MM. Emile Chauvin et Grosjean.

CONCLUSIONS

Considérant :

1° Que, seule, une rémunération égale à celle donnée aux travailleurs français pourra faire cesser la préférence accordée par le bon marché à la main-d'œuvre, des travailleurs étrangers ;

2°. Que, d'autre part, à travail égal, ces travailleurs doivent avoir salaire égal, c. qui est de pur logisme,

Nous concluons :

A l'adoption sans réserve du projet déposé par Jules Coutant et plusieurs de ses collègues.

VII

INSPECTION DU TRAVAIL

LÉGISLATION

L'inspection du travail dans les établissements visés par les lois, décrets, arrêtés et circulaires ministérielles cités plus hant (Travail des adultes, des femmes et des mineurs, hygiène, sécurité et réglementation (page 28) appartient aux inspecteurs et inspectrices du travail, aux ingénieurs et contrôleurs des mines et aux officiers de police judiciaire ; ces derniers ne peuvent rechercher et poursuivre les infractions à ces lois qu'en cas de flagrant délit ; hors le cas de flagrant délit, les officiers de police judiciaire doivent être munis d'un mandat du juge d'instruction.

Les machines à vapeur et chaudières restent soumises au contrôle des ingénieurs ou des contrôleurs des mines, ces derniers sont spécialement chargés de l'application des lois ci-dessus citées aux mines, minières et carrières, pour ce service spécial ils sont placés sous l'autorité du ministre du Commerce et de l'Industrie.

Chaque inspecteur ou inspectrice du travail, ingénieur et contrôleur des mines doit établir la statistique des conditions du travail dans la région qu'il est chargé de surveiller.

Le décret du 10 mai 1902 réorganise l'inspection du travail et limite pour la France ce service à 11 inspecteurs divisionnaires et 110 inspecteurs ou inspectrices départementaux.

Les inspecteurs et inspectrices du travail ont entrée dans tous les établissements visés par les lois citées.

Ils peuvent interroger les travailleurs protégés, se faire présenter le registre prescrit par la loi de 1892, les livrets d'apprentis, les règlements intérieurs et, s'il y a lieu, le certificat d'aptitude physique mentionné par l'article 2 de la loi de novembre 1892.

En général, ils peuvent exiger la production de toutes les pièces dont ils ont besoin pour exercer leur contrôle.

En ce qui concerne l'application des règlements d'administration publique, ils doivent mettre les chefs d'industrie en demeure de se conformer à ces règlements. Cette mise en demeure est inscrite sur un registre spécial, datée et signée par l'inspecteur.

Les industriels, commerçants ou autres ne peuvent, sous aucun prétexte, s'opposer aux visites des inspecteurs ou inspectrices ni leur refuser la communication des documents dont ils ont besoin pour être exactement renseignés.

Le principe de l'inviolabilité du domicile inscrit dans la Constitution de l'an VIII et sanctionné par l'article 184 du Code pénal ne s'applique pas aux locaux renfermant une usine, atelier ou magasin; pendant tout le temps de leur fonctionnement, à l'égard de ces locaux, ce sont les lois relatives à l'organisation du travail, à l'hygiène et aux sécurités qui sont applicables.

Les chefs d'industrie, directeurs, gérants ou préposés qui ont contrevenu aux diverses lois ou aux règlements d'administration publique sont passibles d'une amende de 5 francs à 15 francs. L'amende est applicable autant de fois qu'il existe de contraventions distinctes, sans être supérieure à 200 francs.

Les chefs d'industrie sont civilement responsables des condamnations prononcées contre leurs directeurs, gérants ou préposés.

Si, après deux mises en demeure, les mesures de salubrité ne sont pas exécutées, le tribunal correctionnel peut ordonner la fermeture de l'établissement.

En cas de récidive, le contrevenant peut être puni d'une amende de 50 à 500 francs pour chaque cas sans que la totalité puisse dépasser 2,000 francs,

L'obstacle mis à l'accomplissement des devoirs d'un inspecteur peut être puni d'une amende de 100 à 500 francs, en cas de récidive, elle est portée de 500 à 1,000 francs.

Jurisprudence

Avant de conclure, il est utile de donner ici l'extrait d'un arrêt rendu le 12 juillet 1902 par la Cour de cassation sur un jugement de la Cour d'appel de Nancy au sujet de la trop fameuse affaire du Bon-Pasteur; cet arrêt démontre que les prérogatives confiées aux inspecteurs du travail sont trop souvent annihilées par certaines décisions arbitraires des tribunaux.

« La Cour :

« Attendu que l'article 20 de la loi sus-visée (2 novembre 1892) confère aux inspecteurs du travail le droit d'entrée dans tous les établissements visés par l'article premier ; que, chargés de veiller à l'observation des prescriptions de cette loi, tant en ce qui concerne le travail de jour qu'en ce qui touche le travail de nuit, ils peuvent pour l'accomplissement de leur mission pénétrer à toute heure du jour et de la nuit dans les établissements où le travail est organisé pendant le jour et pendant la nuit ; mais qu'on ne saurait, sans étendre abusivement la portée de l'article susvisé, décider qu'il confère le même droit à ces fonctionnaires lorsqu'il s'agit d'établisssements où le travail n'est organisé que pendant le jour ;

« *Attendu, en effet, que ces établissements sont, pendant la nuit, placés sous la sauvegarde de l'inviolabilité du domicile, qui est de droit public ; que les inspecteurs ne peuvent dès lors y pénétrer, en violation de ce principe, dans le seul but de les visiter à l'effet de rechercher s'il ne s'y commet pas une contravention aux prescriptions de la loi du 2 novembre* 1892 ;

. . . .

« Et attendu qu'il ne résulte pas du procès-verbal et que, d'autre part, l'arrêt ne constate pas qu'il ait été établi que l'inspecteur qui s'est présenté à 9 heures du soir à l'établissement du Bon-Pasteur et à qui l'on a refusé l'entrée de cet établissement, eut recueilli des indices justifiant son intervention ; que, par suite, en relaxant la prévenue la Cour de Nancy n'a commis aucune violation du texte visé au moyen ;

« Rejette le pourvoi. »

Comme le dit ce dernier attendu, l'entrée du couvent du Bon-Pasteur avait été refusé à l'inspecteur du travail, il lui était donc difficile de préciser ses contraventions.

On connait la suite ; l'évêque de Nancy lui-même, M. Turinaz, fut obligé d'intervenir contre le surmenage, les atrocités et le manque d'hygiène dont étaient victimes les pensionnaires du Bon-Pasteur, et la rumeur publique obligea le gouvernement à sévir et à licencier ces pauvres mercenaires victimes des très religieuses tortionnaires.

Le même cas s'est reproduit pour le second Bon-Pasteur de Tours dont les jugements ont démontré les ignominies commises.

Un fait est également à discuter, c'est l'application de l'heure légale.

Le 27 décembre 1900 la Cour de cassation a décidé, et la jurisprudence s'est ralliée à cette manière de voir, que le fait d'employer des travailleurs après l'heure fixée pour la clôture du travail n'est pas défendu dès lors qu'il est certain que la durée du travail telle qu'elle est autorisée, n'a pas été dépassée.

Cette décision est la porte ouverte à toutes les violations de la loi.

Par cette jurisprudence le contrôle d'un inspecteur du travail est rendu impossible, étant surtout donné le parcours qu'a à effectuer cet agent il ne peut pas toujours être présent sur les lieux lorsque la journée commence dans un établissement, s'il se trouve à la clôture du travail, les horloges peuvent-être préparées pour la circonstance, il y a donc là encore une entrave très importante à la mission des inspecteurs du travail; il y a aussi une violation flagrante de la loi du 14 mars 1891, ayant pour objet l'adoption de l'heure temps moyen de Paris pour la France et l'Algérie.

Nous donnons avant de conclure une décision prise par le Conseil supérieur du travail dans sa séance du 18 novembre 1903. Il serait à souhaiter que cette motion soit prise en considération par le Parlement et soit appliquée à l'instar de ce qui existe déjà pour les ouvriers mineurs, c'est-à-dire l'élection par les travailleurs de délégués du travail chargés de seconder les inspecteurs ou inspectrices du travail.

« Une inspection ouvrière doit être exercée, parallèlement avec le contrôle administratif dans toutes les industries de transports concédées, monopolisées ou administrées par l'Etat, le département et la commune.

« Une commission permanente composée à nombre égal de patrons et d'ouvriers sera saisie de tous les conflits ou différends de tous ordres qui peuvent s'élever à l'effet de rechercher les moyens de les aplanir.

« Le personnel des compagnies et administrations de transports sera représenté par des délégués élus, dans toutes les commissions ou comités consultatifs institués auprès des ministères en vue de débattre les questions ou les intérêts des travailleurs seront en jeu. Les concessionnaires seront représentés dans les conseils où seront représentés les ouvriers. »

Nous voudrions voir appliquer au lieu du mot « ouvrier » le mot travailleur qui a un sens plus général.

CONCLUSIONS

Nous concluons :

1° Extension des pouvoirs des inspecteurs et inspectrices du travail en leur donnant le droit de pénétrer quelle que soit l'heure du jour ou de la nuit dans les locaux visés par les diverses lois, lorsqu'ils auront présomptions d'irrégularités ;

2° Application rigoureuse de la loi du 14 mars 1891 sur l'heure temps moyen de Paris ;

3° Nomination des inspecteurs et inspectrices du travail par les corporations ouvrières départementales ;

Les candidats à ces fonctions électives devront avoir au préalable satisfait à un concours technique et de droit ouvrier, industriel et commercial ;

4° Election des Inspecteurs divisionnaires par les

inspecteurs et inspectrices du travail; les candidats seront pris parmi les inspecteurs départementaux;

Les inspecteurs divisionnaires seront en quelque sorte les présidents, les centralisateurs des équipes régionales d'inspection, ils seront en même temps leurs conseils ainsi que leurs intermédiaires auprès du ministre du travail;

5° Augmentation du nombre des inspecteurs et inspectrices du travail et classification en catégories suivant les divisions arrêtées pour les Conseils des prud'hommes;

6° Adoption de la décision du Conseil supérieur du travail avec application générale à toute la grande industrie.

VIII

CONSEILS DES PRUD'HOMMES

JURIDICTION DES TRAVAILLEURS

LÉGISLATION

Prud'hommes

Les Conseils des prud'hommes sont régis par les lois du 18 mars 1806; décrets des 11 juin 1809; 20 février 1810; 3 août 1810; lois du 1er juin 1853; 7 février 1880; 24 novembre 1883; 11 décembre 1884; décrets des 8 mars et 10 juin 1890.

Les Conseils des prud'hommes sont des tribunaux dont la juridiction spéciale a principalement pour but de concilier, s'il se peut, et au besoin de juger les contestations qui, relativement à l'exercice de leur industrie s'élèvent entre les fabricants et leurs ouvriers.

Ils sont aussi des tribunaux répressifs : ils connaissent des contraventions tendant à troubler l'ordre et la discipline des ateliers, ainsi que tous manquements graves des apprentis envers leurs maîtres; dans ce cas ils ont droit de condamner les coupables à un emprisonnement de un à trois jours. (Décret du 3 août 1810.)

Ils sont chargés d'assurer la conservation de la propriété des marques et dessins de fabrique.

Il n'existe de Conseils des prud'hommes que dans les villes constituant des centres industriels.

Ils sont composés de patrons et d'ouvriers en nombre égal nommés par voie d'élection.

Les Conseillers patrons sont élus par les employeurs; les ouvriers sont élus par les chefs d'ateliers, contremaîtres et ouvriers appartenant aux industries visées par la loi du 14 juin 1853.

Les Conseils de prud'hommes sont élus pour 6 ans et renouvelables par moitié tous les 3 ans et indéfiniment rééligibles.

Les électeurs des deux catégories patrons et ouvriers doivent avoir vingt-cinq ans au moins et exercer la profession depuis cinq ans.

Pour être élu il faut avoir trente ans accomplis.

Les Conseils élisent un président et un vice-président; lorsque le président est un patron, le vice-président est un ouvrier et réciproquement.

Les Conseils se divisent en deux bureaux, conciliation et jugement.

Le bureau de conciliation comprend un patron et un ouvrier.

Le bureau de jugement est composé du président ou du vice-président et au minimum de deux patrons et deux ouvriers.

La juridiction a deux objets :

1° Concilier les parties, rôle du bureau de conciliation;

2° Juger le différend, rôle du bureau de jugement.

Pour être justiciable il faut être marchand, fabricant, chef d'atelier, contremaître, compagnon ou apprenti.

Les ouvriers sont soumis à la juridiction aussi bien comme travailleurs libres à domicile que travailleurs à l'atelier.

Lorsque le bureau de conciliation ne peut parvenir à concilier les parties, il les renvoie devant le bureau de jugement.

Les jugements sont définitifs et sans appel lorsque le chiffre de la demande n'excède pas 200 francs.

Au-dessus de la somme de 200 francs, appel peut être porté devant le Tribunal de Commerce.

Juges de paix.

Les juges de paix connaissent également des contestations relatives aux engagements des maîtres et de leurs ouvriers ou apprentis au jour, au mois et à l'année, mais ces contestations doivent être relatives aux engagements respectifs de travail.

Les juges de paix connaissent sans appel jusqu'à 100 francs.

Tribunaux de Commerce.

La compétence des Conseils de prud'hommes et la compétence spéciale des Juges de paix sont soumises aux Tribunaux de commerce en ce qui concerne les gens de travail et ouvriers, pour les contestations relatives à leurs engagements avec ceux qui les emploient.

Toutes autres contestations sont soumises à la compétence des tribunaux de droit commun.

Les Tribunaux de commerce jugent les contestations relatives aux commerçants si l'obligation sujette à cette contestation est née de l'exercice de sa profession.

Le Tribunal de commerce est compétent pour connaître des engagements respectifs entre commerçants et commis, employés, etc.

Tribunaux civils.

Les Tribunaux civils connaissent :

1° De toutes contestations entre travailleurs et employeurs lorsqu'elles ne sont pas relatives à leurs engagements respectifs et que la demande est supérieur à 200 francs.

Les Tribunaux civils ne sont compétents que si l'employeur n'est pas commerçant, au cas contraire l'action doit être portée devant le Tribunal de commerce.

2° De toutes contestations relatives aux marchés et devis entre ouvriers-entrepreneurs et propriétaires non commerçants.

Recours en Cassation.

Les jugements des juges de paix ne peuvent être attaqués par la voie du recours en cassation que pour excès de pouvoir (1).

Les jugements des prud'hommes peuvent être déférés en cassation pour toutes les ouvertures autorisées par le droit commun. (Arrêt de la Cour suprême 20 décembre 1852.)

Telles sont résumées le plus succinctement possible les diverses conditions ayant trait aux conflits résultant du travail, contestations entre patrons et ouvriers.

---

(1) Voir pour détails plus amples le « Code Ouvrier », par Louis André et Léon Guibourg (Chevalier Maresq et Cie, éditeurs, 20, rue Soufflot.)

PROJETS

La question des prud'hommes n'est pas nouvelle, elle a été l'objet dans chaque assemblée de trois à quatre délibérations entre 1884 et 1903.

Le Sénat, en 1889, portait à ce projet de réforme une modification considérable.

« La Chambre, le 17 mars 1892, maintint à peu de choses près sa première rédaction qui fut à nouveau discutée au Sénat en 1894, et sur le rapport de M. Demôle le premier projet fut maintenu en y apportant quelques modifications de forme.

Ce projet retourna à la Chambre ; en mai 1899, M. Dutreix présentait un nouveau rapport qui était la reproduction du projet de 1892, ce dernier était adopté dans son ensemble le 14 février 1901 et, enfin, il venait en discussion au Sénat le 3 mars 1903 pour être de nouveau adopté dans son ensemble le 26 novembre de la même année.

Texte adopté par la Chambre le 14 *février* 1901 :

Article premier. — « Les Conseils des prud'hommes sont institués pour terminer par voie de conciliation les différends qui peuvent s'élever à l'occasion du contrat de louage d'ouvrage :

« 1° Entre les patrons ou leurs représentants et les employés, ouvriers et apprentis des deux sexes du commerce et de l'industrie qu'ils emploient ;

« 2° Entre l'Etat, les départements, les communes, les établissements et les ouvriers et employés non fonctionnaires de leurs entreprises industrielles : ces derniers seront déterminés par règlement d'administration publique ;

« 3° Entre les entrepreneurs de spectacles ou leurs représentants et les artistes choristes, musiciens et employés de théâtre de toutes catégories ;

« Ils jugent dans les conditions de compétence déterminées par les articles 33, 34 et 35 de la présente loi, les différends à l'égard desquels la conciliation a été sans effet ;

« Leur mission, comme conciliateurs ou comme juges, s'applique également aux différends nés entre ouvriers à l'occasion du travail ;

« Toutefois, ils ne pourront connaître des actions en dommages-intérêts à la suite d'accidents du travail qu'en vertu des lois spéciales et dans les conditions fixées par ces lois. »

En 1892, le texte voté par la Chambre visait les salariés de l'agriculture, il n'a pas été reproduit de nouveau en 1901.

Le texte voté par le Sénat le 26 novembre 1903 est la reproduction intégrale du texte qui avait été adopté par cette Assemblée en 1894.

Texte adopté par le Sénat en 1894 *et en* 1903 :

Article premier. — « Les Conseils de prud'hommes sont institués pour terminer par voie de conciliation les différends qui peuvent s'élever à l'occasion du contrat de louage d'ouvrage entre les chefs d'industrie ou leurs représentants et leurs ouvriers, ouvrières et apprentis des deux sexes.

« Ils jugent dans les conditions de compétence déterminées par les articles 32, 33, 34, 35 de la présente loi les différends à l'égard desquels la conciliation a été sans effet.

« Leur mission, comme conciliateurs ou comme juges, s'appliquent également aux différends nés entre ouvriers à l'occasion du travail.

« Néanmoins, ils ne peuvent connaître des actions en dommages-intérêts motivées par des accidents dont les ouvriers ou apprentis auraient été victimes.

« Ils exercent, en outre, les attributions qui leur sont confiées par des lois spéciales. »

En faisant la comparaison des deux textes. Chambre et Sénat on remarque que systématiquement, et cela par deux votes différents, le Sénat a refusé d'étendre à d'autres que les chefs d'industrie et leurs ouvriers la juridiction du Conseil des prud'hommes. Il faut dire toutefois que le 29 octobre dernier, la majorité qui a repoussé le texte adopté par la Chambre le 14 février 1901 était très faible, 115 voix contre 106, soit 9 voix d'écart, et il est à souhaiter qu'entre sa première et deuxième lecture, le déplacement nécessaire de 4 ou 5 voix soit acquis à cette réforme complète, si utile et si démocratique, que le prolétariat, dans son entier, attend avec une si légitime impatience.

Nous devons louer les énergiques interventions de MM. Trouillot, ministre du Commerce, et Paul Strauss, sénateur de la Seine, qui ont eu à lutter contre les affirmations par trop rétrogrades de MM. Savary et Cordelet, ces derniers se sont employés non seulement à combattre le recours de certains salariés à la juridiction des prud'hommes, mais encore à amoindrir l'œuvre, dans son ensemble.

Le rapporteur du projet au Sénat, M. Savary, disait :

« Prenez garde, nous voulons bien admettre l'avantage de la juridiction prud'hommale quand il s'agit de litiges techniques, mais lorsqu'il s'agit des employés de commerce, il ne s'agit plus de question technique à apprécier. »

Cet argument n'a pas de valeur, car les litiges techniques portés devant les prud'hommes sont sensiblement très peu nombreux.

C'est ainsi que, parmi les 161 Conseils des prud'hommes existants, la statistique de 1891 à 1895 démontre que 35,038 litiges ont roulé sur des questions de salaire ; 6,140 sur des questions de congé ; 877 sur des questions d'apprentissage.

Sur ces 42,000 litiges, 1,078 ont roulé sur des questions de mal-façon.

On ne peut donc soutenir que ce sont les contestations

d'ordre technique qui justifient la juridiction des prud'hommes, et, dans de telles conditions qui ne voit que ces débats portant sur les salaires, sur des congés, intéresse au même titre les employés de commerce et les ouvriers.

Il est en effet difficile de se représenter cette bizarrerie : le même employeur ayant avec un de ses ouvriers et un de ses employés un litige portant sur des faits identiques, l'employé et l'ouvrier empêchés d'avoir les mêmes juges; l'ouvrier seul autorisé à saisir un tribunal qui, pour une dépense insignifiante, lui donnera une solution presque immédiate, l'employé au contraire, condamné aux dépenses, aux déboursés à la longue attente qui lui sera imposée soit au Tribunal de commerce, soit au Tribunal civil, soit en justice de paix.

Telles sont les raisons pour lesquelles tous les salariés demandent avec tant de persistance et d'unanimité à être rattachés à la juridiction prud'hommale qui est moins coûteuse qu'au Commerce et au Civil, car là il n'est besoin d'avocat pour défendre vos intérêts. Quant aux autres frais de justice, quelle comparaison établir entre les avances indispensables devant toutes les juridictions et les trente ou quarante sous qui suffisent à porter une contestation devant le Conseil des prud'hommes.

Actuellement tout le monde est d'accord pour reconnaître qu'il est illogique que les employés de commerce soient jugés par leurs employeurs qui ne leur offrent aucun élément de garantie étant trop intéressés dans la question, d'autre part, pourquoi les renvoyer devant les tribunaux comme l'a voté le Sénat dans sa séance du 26 novembre en abrogeant simplement l'article 634, 1° § du Code de commerce.

On conteste l'impartialité des tribunaux de commerce pour imposer les tribunaux civils dont la compétence directe en la matière a été contredite par la loi depuis cent ans.

N'était-il donc pas plus logique que les employés de commerce au même titre que les ouvriers, que toute la catégorie des salariés aient la triple garantie de l'impartialité, de la compétence et de l'économie qu'assurent les Conseils des prud'hommes?

Au même titre que les ouvriers, tous les salariés ont besoin de juges facilement accessibles, d'une justice peu coûteuse et plus rapide et de juges professionnels.

D'autre part, dans la rédaction de l'article 23 existe une innovation du rapporteur M. Savary, le juge de paix intervient pour présider le bureau de jugement en cas de partage des voix; c'est une sorte de dessaisissement qui est imposé aux Conseils des prud'hommes, Conseils élus, qui deviennent en quelque sorte l'objet d'un fonctionnaire par trop dépendant.

L'article 33 du texte de la Chambre des députés fixait au chiffre de 2.000 francs la compétence en dernier ressort des Conseils de prud'hommes; le Sénat dans son article 32 a ramené ce chiffre à 300 francs.

Au-dessus de cette somme, appel pourra être interjeté devant le Tribunal civil.

Autre innovation; les jugements rendus en dernier ressort par les Conseils de prud'hommes et les appels interjetés devant le Tribunal civil pourront être attaqués en Cassation par voie de recours, pour excès de pouvoir ou violation de la loi.

Une question intéressante a été négligée à la Chambre comme au Sénat et principalement dans cette dernière assemblée où le rapporteur confinait exclusivement les prud'hommes dans la partie technique; c'est l'application de la juridiction prud'hommale à la loi du 9 avril 1898 sur les accidents du travail ainsi qu'au droit commun réglant cette question.

Nous constatons que, malgré ses tendances à limiter les jugements aux questions d'ordre technique, ce rapporteur spécialisant n'a même pas daigné s'en préoccuper.

Divers projets ont eu pour but de décider que les

jugements prud'hommaux seraient rendus en dernier ressort quelle que soit la somme; cette alternative présenterait assurément de nombreuses difficultés. Dans cet ordre d'idées, il y aurait lieu d'instituer des Conseils prud'hommaux d'appel réglés comme suit :

Les Conseils des prud'hommes actuels ou ceux à organiser par suite de l'extension de la juridiction pourraient être doublés par corporation ou spécialité.

Ces Conseils doublés par la présente proposition éliront au deuxième degré, parmi leurs membres, moitié employeurs, moitié travailleurs et, dans les mêmes proportions que leur représentation légale, leurs collègues élus comme eux au premier degré, conseillers prud'hommes, ces élus devront constituer les prud'hommes d'appel.

Etant donné cette proposition, il faudra pour faire partie du Conseil prud'hommal d'appel :

1° Avoir été élu conseiller prud'homme au premier degré conformément à la loi ;

2° Avoir été élu au deuxième degré par les conseillers prud'hommes du premier degré.

A chaque renouvellement les sortants de l'appel devront se représenter à nouveau devant les électeurs du premier degré et être élus de la même manière au deuxième degré.

La Cour de cassation aurait à connaître des abus de pouvoir et des défauts de forme sur les jugements rendus par les prud'hommes des deux degrés.

CONCLUSIONS

Comme conséquence des observations ci-dessus, nous concluons :

1° Soumission à la juridiction prud'hommale de tous litiges entre employeurs et travailleurs, commerce, industrie, agriculture, chemins de fer, salariés des administrations de l'Etat, en un mot de tous les salariés y compris les domestiques attachés à la personne ;

2° Jugements rendus définitifs au premier degré jusqu'à la somme de 2,000 francs, sauf recours en Cassation pour abus de pouvoir et vice de forme;

3° Création de Conseils prud'hommaux d'appel suivant la proposition soumise ci-dessus, qui auront à connaître des jugements rendus au premier degré pour les sommes supérieures à 2,000 francs; les jugements sont définitifs sauf recours en Cassation pour abus de pouvoir ou vice de forme;

4° Incorporation des chefs d'atelier et contremaîtres dans la catégorie des électeurs et des élus patrons ;

5° Les Conseillers prud'hommes devront appartenir aux syndicats professionnels régulièrement déclarés en vertu de la loi de 1884;

6° Les Conseils des prud'hommes premier et deuxième degrés, en outre de toutes contestations relatives au travail, salaire, embauchage, congé, etc., auront à connaître des accidents du travail visés par les diverses juridictions en cours.

IX

PLACEMENT DES TRAVAILLEURS SANS EMPLOI

LÉGISLATION ET USAGE

Différents modes de placement sont en usage.

1° Placement personnel;

2° Bureaux de placement payants;

3° Placement par les Syndicats et les Bourses du Travail;

4° Placement par les Sociétés philantropiques ;
5° Placement par les bureaux municipaux gratuits ;
6° Placement par les Sociétés de Secours mutuels et de compagnons.

Les bureaux de placement payants sont soumis à une réglementation qui résulte du décret organique du 25 mars 1852, complété pour Paris par l'ordonnance de police du 5 octobre suivant.

Parmi les conditions imposées aux bureaux de placement, figurent la nécessité d'une autorisation préalable d'ouverture à obtenir de l'autorité municipale, ainsi que la soumission à une surveillance étroite de la part de l'Administration.

Les bureaux de placement, prélèvent, en général, un tribut énorme pour le placement de chaque ouvrier et, afin d'en tirer de nouveaux profits, ils entretiennent dans leur clientèle des idées de changements continuels. (*Code ouvrier Louis André et Léon Guibourg.*)

Les Syndicats professionnels (loi du 21 mars 1884, art. 6, § 5) peuvent constituer des bureaux de placement pour les travailleurs sans emploi ; les Bourses du travail, siège des Syndicats, sont les sièges du placement des travailleurs.

Les Sociétés philantropiques et les Sociétés de Secours mutuels (loi du 1er avril 1898) peuvent placer leurs membres sans emploi.

PROJETS

La question est pendante depuis 1876, date marquante où se sont déroulés les incidents soulevés par la corporation des ouvriers boulangers. En 1879, une grève a eu lieu à cet effet, une adresse a été transmise à M. Andrieux, préfet de police ; depuis cette époque, les pouvoirs sont saisis.

En 1886 et 1888, une agitation prolongée a abouti à

la formation d'une ligue contre les bureaux de placement payants. Cette ligue s'adressa d'abord au Conseil municipal de Paris, puis à la Chambre des députés. Un congrès réunit tous les mécontents en 1891 et 1892 et la suppression des bureaux de placement fut votée dans un grand meeting, le 23 février 1892. Les bureaux de placement payants n'ont cessé depuis d'être l'occasion très justifiée des plus ardentes revendications ouvrières et les incidents violents de la Bourse du Travail pendant la journée du 29 octobre 1903 sont une des phases mémorables d'un mécontentement général qui a eu sa répercussion dans la séance du lendemain, 30 octobre, à la Chambre des députés.

Divers projets ont été présentés au Parlement,

La Chambre, en 1897, a voté un projet qui a été, en 1898, amendé par le Sénat; en 1900, la Chambre votait un autre projet et le Sénat, dans les séances des 23 et 30 janvier 1902, malgré la très énergique intervention du ministre du Commerce Millerand en faveur du texte de la Chambre, maintenait le projet qu'il avait adopté en première délibération en 1898.

Nous arrivons à la séance du 3 novembre 1903 où la Chambre, à la suite des événements relatés ci-dessus, votait un nouveau projet sur les bureaux de placement payants.

Dans la discussion générale, le ministre du Commerce, M. Trouillot, s'exprimait ainsi :

« C'est une industrie dont il ne suffit pas de dire qu'elle repose sur le trafic de la personne. Indépendamment même de tout abus dans son fonctionnement, par nature, par définition, elle ne vit que du chômage ; elle est d'autant plus prospère que les chômeurs sont plus nombreux, et elle se trouve ainsi intéressée à multiplier les chômeurs plutôt que les placements, puisqu'elle ne fait ainsi qu'étendre sa clientèle.

« Il y a, dans une telle industrie, une occasion de trafic souvent contraire à la dignité humaine. Elle a, en outre, des intérêts directement opposés à ceux de la prospérité publique. C'est un tel trafic qu'il s'agit de supprimer.

Plus loin, le ministre ajoutait après avoir signalé certains abus qui échappent à la répression :

« D'autres abus échappent, eux aussi, à toute répression.

« Comment éviter celui qui consiste à faire appel au chômage, à attirer de la province à Paris quantité de domestiques et d'ouvriers qui grossiront le nombre des malheureux sans travail, en même temps qu'ils assurent la clientèle de cette industrie spéciale? Il n'y a qu'un moyen, c'est de supprimer l'industrie même des bureaux payants. »

La Chambre votait comme article premier le texte suivant :

Article premier. — « A partir de la promulgation de la présente loi, aucune autorisation de créer un bureau de placement payant ou une agence théâtrale ou lyrique payante ne sera accordée.

Art. 2. — « Les bureaux de placement gratuits, créés par les municipalités, par les syndicats professionnels, ouvriers, patronaux ou mixtes, les Bourses du travail, les compagnonnages, les Sociétés de secours mutuels et toutes autres associations légalement constituées, ne sont soumis à aucun contrôle.

Art. 6. — « Tout gérant ou employé d'un bureau de placement gratuit qui aura perçu une contribution quelconque à l'occasion du placement d'un ouvrier ou employé sera puni des peines prévues à l'article 9 ci-dessous. »

Ces peines varient entre une amende de 16 à 100 francs et de six jours à un mois de prison.

Art. 8. — « Aucun hôtelier, logeur, restaurateur ou débitant de boissons ne peut joindre à son établissement la tenue d'un bureau de placement. »

L'article 11 fixe les indemnités à accorder par les communes en cas de suppression des bureaux de placement; ces indemnités sont basées sur le prix de vente de l'office.

L'Etat et le département contribueront aux dépenses d'après le barème suivant :

Dans un délai de	2 ans	20 0/0
—	3 à 4 ans	15 0/0
—	5 ans	10 0/0

A l'expiration de la cinquième année qui suivra l'application de la loi, tous les bureaux seront supprimés d'office.

Dans ses séances des 19, 21, 22, 26 et 28 janvier 1904, malgré les très énergiques interventions de MM. Paul Strauss, Félix Martin et Trouillot, ministre du Commerce, le Sénat, le 28 janvier, sous l'inspiration de son rapporteur par persuasion, démissionnaire ensuite, M. le sénateur Aucoin, et, malgré les paroles suivantes du ministre du commerce :

« Or, Messieurs, si l'on est amené à reconnaître que cette industrie prélève ses bénéfices sur les situations les plus intéressantes et les plus misérables, qu'elle condamne à acheter du travail ceux qui n'ont pas de quoi acheter du pain......

« *Plusieurs membres à gauche.* — Très bien! très bien! — C'est cela!

« *M. le ministre.* — ... que, par la nature même et par les conditions fatales de son fonctionnement, elle est entraînée aux plus fâcheux abus, il restera seulement à rechercher le meilleur moyen pour arriver à les faire cesser.

« De quels abus est-elle donc accusée? M. Aucoin les a énumérés.

« On prétend que les bureaux de placement, afin de multiplier leurs opérations, font des placements temporaires et que, s'entendant soit avec les patrons, soit avec les gérants, ils font renvoyer les ouvriers placés pour toucher des primes de placement renouvelées. On signale que cette industrie, qui vit du chômage et qui prospère d'autant plus que les chômeurs, ses clients, sont plus nombreux, aggrave encore la situation en appelant de province à Paris les malheureux qui sont sa clientèle ordinaire.

« On a dit également qu'ils se livraient à des trafics honteux, qu'ils étaient les pourvoyeurs des maisons de prostitution. Et M. le rapporteur, après avoir énuméré ces accusations, s'écriait : Il y a là une exagération manifeste. . . . .

« Que l'honorable M. Auçoin me permette de lui dire .... entre les exagérations des accusations et les exagérations de sa défense, il y a simplement la vérité. »

Le ministre conclut à l'adoption du texte voté par la Chambre le 3 novembre 1903.

Malgré cette vigoureuse intervention, le Sénat a voté le projet suivant, qui laisse la faculté aux municipalités de décider, moyennant indemnité, la suppression :

« Article premier. — A partir de la promulgation de la présente loi, les bureaux de placement payants pourront être supprimés moyennant une juste indemnité.

« Le bureau devenu vacant par le décès du titulaire ou pour toute autre cause, avant l'arrêté de suppression, pourra être transmis ou cédé.

« Tout bureau nouveau, créé en vertu d'une autorisation postérieure à la promulgation de la présente loi, n'aura droit, en cas de suppression, à aucune indemnité. »

L'article 2 prévoit que les divers bureaux de placement créés par les syndicats, sociétés déclarées ou autres ne sont soumis à aucune autorisation.

Le Sénat retranche la participation de l'Etat dans l'indemnité à accorder aux bureaux dont l'autorisation a été retirée, laissant toute la charge à la commune.

Par un nouveau paragraphe à l'article 2, la Haute-Assemblée décide, sur la proposition de M. le général

Mercier, que « les frais de placement touchés dans les bureaux maintenus à titre payant seront entièrement supportés par les employeurs, sans qu'aucune rétribution puisse être reçue des employés ».

Enfin, le Sénat a repoussé le paragraphe qui avait pour but de supprimer les officines louches dénommées agences théâtrales, laissant ainsi subsister un abus pour le moins tout aussi inhumain que les bureaux de placement payants.

Tel est, résumé, le projet adopté par le Sénat.

CONCLUSIONS

Considérant

Qu'il est aussi peu logique de faire payer aux travailleurs le droit au travail que de faire payer les employeurs pour se procurer un travailleur; qu'en employant cette dernière solution c'est toujours les travailleurs qui en seront victimes par la retenue qui pourra être faite sur leurs salaires ou par des conditions restreintes d'embauchage;

Considérant

Que les tenanciers des bureaux de placement ont bénéficié d'une simple autorisation sans frais et qu'ils sont sous le coup d'une tolérance gratuite,

Nous concluons :

1° Au retrait pur et simple, et sans indemnité, de l'autorisation;

2° A l'application de pénalités sévères à quiconque placera moyennant rémunération.

X

SYNDICATS PROFESSIONNELS

LÉGISLATION

Les articles 3, 5 et 6 de la loi sur les Syndicats sont ainsi rédigés :

« Art. 3. — Les Syndicats ont exclusivement pour objet l'étude et la défense des intérêts économiques, industriels, commerciaux et agricoles.

« Art. 5. — Les Syndicats professionnels constitués d'après les prescriptions de la présente loi, pourront librement se concerter pour l'étude et la défense de leurs intérêts économiques, industriels, commerciaux et agricoles. Ces unions devront faire connaître conformément au 2e paragraphe de l'article 4, les noms des Syndicats qui les composent. Elles ne pourront posséder aucun immeuble ni ester en justice.

« Art. 6. — Les Syndicats professionnels de patrons ou d'ouvriers auront le droit d'ester en justice. Ils pourront employer les sommes provenant des cotisations. Toutefois il ne pourront acquérir d'autres immeubles que ceux qui seront nécessaires à leurs réunions, à leurs bibliothèques et à des cours d'instruction professionnelle.

Ils pourront sans autorisation, mais en se conformant aux autres dispositions de la loi, constituer entre leurs membres des caisses spéciales de secours mutuels et de retraites. Ils pourront librement créer et administrer des offices de renseignements pour les offres et les demandes de travail. Ils pourront être consultés sur tous les différends et toutes questions se rattachant à leur spécialité.

Dans les affaires contentieuses, les avis du Syndicat

seront tenus à la disposition des parties qui pourront en prendre communication et copie. »

Les Syndicats se forment sans autorisation; ils doivent déposer leurs statuts et les noms des membres qui à un titre quelconque sont chargés de leur administration ou de la direction.

La capacité des Syndicats est limitée, elle ne s'étend à aucune entreprise positive et matérielle en dehors des cours d'instruction professionnelle et des bureaux de placement.

Les Unions de Syndicats n'ont pas le droit d'ester en justice ni celui de posséder les immeubles nécessaires à leur fonctionnement.

A la question posée de savoir si un Syndicat pouvait sans engager sa responsabilité mettre en interdit un atelier, une usine ou autre industrie, différents jugements ont répondu contradictoirement. Pourtant les circonstances énumérées par l'article 414 du Code pénal ne visent que les violences, voies de fait, menaces, manœuvres frauduleuses, étant entendu que ni la coalition, ni la grève, ni l'interdiction de travail ou la mise en interdit ne constituent la menace ou la violence telles qu'elles résultent de l'article 414.

PROJETS

Depuis 1886 différents projets de modification ont été déposés.

En 1868 par M. Bovier-Lapierre et en 1896 par M. Mesureur, ministre du Commerce sur les pénalités à appliquer contre l'atteinte portée à la liberté des syndiqués.

En 1891, par M. Fallières, alors garde des sceaux, ayant pour but d'étendre aux anciens syndiqués le droit de continuer de faire partie du Syndicat, ce projet a été repris en 1894 par M. Marcel Sembat et rapporté par M. André Lebon.

En 1895, M. Paul Dussaussoy, réclamait pour les

Syndicats la capacité de devenir propriétaires d'immeubles et de recevoir des donations mobilières; cette proposition fut reprise en 1896, par M. Dansette.

En 1896, MM. Basly et Lamendin proposaient d'accorder aux Syndicats le droit de se fédérer.

En 1898, M. Dejeante proposait d'étendre à tous les salariés sans distinction le droit de se syndiquer, y compris les employés des communes et de l'État.

Ces réformes timides ou partielles étaient dépassées en 1899 par le projet Waldeck-Rousseau-Millerand, ministre de l'intérieur et ministre du commerce.

Le projet reconnait aux Syndicats le droit d'acquérir, de posséder à titre onéreux ou gratuit, tous biens, meubles ou immeubles, le droit d'ester en justice, le droit, en se conformant à certaines obligations spéciales de faire des actes de commerce.

Les Unions de Syndicats pourront ester en justice, posséder les immeubles nécessaires à leurs divers réunions, cours, etc. Elles pourront recevoir des dons et legs affectés à ces institutions.

La propriété des cotisations appartiendra au Syndicat, personne morale distincte de ses membres.

Si le Syndicat fait des actes de commerce chaque intéressé aura droit à sa part de bénéfice ou d'actif.

La Société commerciale sera juxtaposée au même titre que la Société de secours mutuels et de retraite.

Le Syndicat, personne civile, pourra être propriétaire de la totalité des actions; les administrateurs ne seront pas tenus d'être actionnaires.

Le projet reconnait comme d'abus de la part d'un employeur d'exclure un travailleur syndiqué; il alloue dans ce cas des dommages et intérêts.

L'article 414 du Code pénal est maintenu.

La seule objection que nous ferons au projet est sur le droit donné aux Syndicats de faire des actes de commerce.

C'est nuire aux Syndicats que de les autoriser à faire acte de commerce. Le projet les transforme en véritables sociétés de spéculation qui seront plus préoccupées de donner des bénéfices à leurs adhérents que de défendre les intérêts généraux d'une corporation.

C'est méconnaître l'essence même de la loi de 1884 et diminuer le rôle élevé qu'elle attribue aux Syndicats.

L'esprit d'exclusivisme inhérent à toute association de lucre les poussera à restreindre le nombre de leurs adhérents plutôt que de l'augmenter.

Le projet aurait pour but de pousser à la création de Syndicats rivaux préjudiciables à la bonne harmonie qui doit unir dans un même intérêt les travailleurs d'une même corporation.

C'est donc hors du Syndicat que les travailleurs doivent s'unir pour l'activité commerciale, les lois de 24 juillet 1867 et 1er août 1893 leur donnent ce pouvoir.

L'abbé Lemire a également déposé un projet de modification à la loi du 21 mars 1884.

Ce projet étend le droit de se syndiquer aux professions dites libérales, aux employés et ouvriers de l'Etat, des villes et des communes qui ne détiennent pas une portion de de la puissance publique, aux anciens ouvriers et employés qui n'exercent plus la profession ; ils ne pourront dépasser le quart des ouvriers inscrits.

Le projet confine strictement les ouvriers dans l'étude et la défense des intérêts professionnels.

Les Syndicats ne possédant pas d'immeubles pourront se former sans déclaration préalable, les autres seront tenus à la déclaration.

Le projet ne reconnaît aux Syndicats et aux Unions de Syndicats que le droit de posséder leurs immeubles et un jardin pour leurs membres. Il prévoit qu'un sociétaire exclu du Syndicat sera également exclu de la Société de secours mutuels.

L'abbé Lemire désapprouve les pénalités pour préjudice causé au Syndicat et aux syndiqués.

De ce projet il n'y a à retenir que l'extension du droit

de se syndiquer aux professions dites libérales et aux employés des communes, des villes ou de l'Etat.

Un dernier projet est présenté par M. Vaillant.

Ce projet repousse pour les Syndicats la capacité civile et commerciale craignant que ces causes n'exposent les Syndicats à des condamnations pécuniaires.

M. Vaillant réclame pour les syndiqués l'abrogation de toutes les entraves portées au droit d'association et demande que la preuve de ces entraves constitue un délit civil et donne lieu à l'action en réparation du préjudice causé.

« Sera puni des peines prévues par l'article 414 du Code pénal quiconque par l'un des moyens énumérés audit article : violences, voies de faits, menaces, manœuvres frauduleuses, aura obligé ou tenté d'obliger une ou plusieurs personnes, soit de sortir d'un Syndicat soit d'en faire partie. »

Le 28 décembre 1903, M. Barthou a déposé sur la tribune de la Chambre son rapport sur les modifications à apporter à la loi de 1884.

1° Extension de la loi aux professions libérales ;

2° Extension de la loi aux anciens ouvriers n'exerçant plus la profession, sous les conditions acceptées par la loi du travail de 1894 ;

3° Aux ouvriers et employés de l'Etat, des départements, des communes et des établissements publics qui ne détiennent pas une portion de la puissance publique.

M. Barthou a adhéré au projet Millerand étendant la capacité des Unions de Syndicats et des Syndicats au point de vue de l'action en justice de l'acquisition des immeubles **et la faculté de faire des actes de commerce.**

Le rapporteur a proposé à la Commission d'attacher une action civile se résolvant en dommages-intérêts aux atteintes portées soit à la liberté syndicale, soit au droit de ne pas se syndiquer. Mais il a proposé à la Commission l'abrogation des articles 414 et 415 du Code pénal, et l'application du droit commun aux voies de fait, violences et menaces.

Voici une décision prise en ce qui concerne l'initiative des syndicats par le Conseil supérieur du travail dans sa séance du 18 novembre 1903.

« Les conventions ou cahiers des charges de toutes les entreprises concédées ou monopolisées, contiendront obligatoirement, à l'avenir, des clauses destinées à réglementer les conditions du travail. Les Syndicats ouvriers de la profession seront consultés à cet effet.

« En cas de renouvellement de la concession ou de modifications quelconques aux conventions ou cahiers des charges, le Syndicat auquel adhère le personnel de l'entreprise intéressée, interviendra comme partie au contrat. A défaut de Syndicat dans l'entreprise, les Syndicats de la profession seront appelés à donner leur avis.

« En cas d'inobservation des clauses relatives aux conditions du travail, ou de désaccord sur leur interprétation, le Syndicat représentant le personnel a qualité pour soumettre le différend aux tribunaux, même s'il n'est pas intervenu comme partie au contrat.

« Toutefois la rétrocession pourra être accordée par un acte des pouvoirs concédants, distinct et séparé de la concession primitive dans le cas où il faudrait assurer l'exécution de l'entreprise.

« Avant que le Conseil d'Etat soit appelé à se prononcer, les divers intéressés et notamment le syndicat ouvrier seront entendus. »

Nous tenions à citer cette décision qui a une réelle importance au point de vue de l'action syndicale.

CONCLUSIONS

Nous concluons :

1° Etendre la capacité des Syndicats au point de vue de l'action en justice et de l'achat des immeubles;

2° Etendre la capacité des Unions de Syndicats sur les mêmes bases;

3° Suppression des articles 414 et 415 du Code pénal;

4° Donner à la loi les sanctions pénales prévues par les projets Millerand et Vaillant;

5° Etendre aux travailleurs des communes, des villes et de l'Etat les bénéfices de la loi sur les syndicats ainsi modifiée.

6° Etendre le bénéfice de la loi à toutes les professions, corporations, emplois, etc.;

7° Donner le droit aux anciens syndiqués de continuer à faire partie du Syndicat;

8° **Nous sommes énergiquement opposés au droit pour les Syndicats de faire des actes commerciaux, et pour les raisons données ci-dessus.**

XI

BOURSES DU TRAVAIL

LÉGISLATION

La Bourse du travail de Paris a été construite à la suite du décret du 28 décembre 1889, elle a le caractère d'établissement municipal; le Conseil municipal l'a édifiée et il l'entretient.

Fermée en 1893 par M. Charles Dupuy, elle fut réouverte le 7 décembre 1895 par décret du ministre du Commerce, M. Mesureur. Le 17 juillet 1900 M. Millerand, ministre du Commerce, rendait un nouveau décret annulant le précédent; c'est sous ces auspices qu'est actuellement régie la Bourse du travail de Paris.

Les autres Bourses du travail fonctionnent pour la plupart dans des locaux loués à cet effet par les Syndicats ouvriers.

Les Bourses du travail servent à faciliter les transactions relatives à la main-d'œuvre au moyen de bureaux de placement gratuits, salles d'embauchage publiques et par la publication de tous renseignements intéressant l'offre et la demande de travail.

Elles ont aussi pour but de concourir à l'éducation technique et économique des Syndicats professionnels ouvriers.

Il y est annexé des bureaux mis à la disposition des Syndicats et des salles pour les réunions corporatives.

Tel est le but général de ces intéressantes institutions.

COMMENTAIRE

Une des conditions essentielles pour que les Bourses du travail ne soient pas soumises aux fluctuations des événements politiques ou à l'autoritarisme d'un politicien, est que le local appartienne aux associations qui y sont représentées.

Si la Bourse du travail de Paris, au lieu d'appartenir à la Ville, avait été la propriété des Syndicats, le ministre Dupuy n'aurait eu aucun droit de la maintenir aussi longtemps fermée; d'autre part, les Syndicats seraient plus autorisés pour refréner certains ferments de désordre fomentés la plupart du temps par des politiciens de bas étage stipendiés par les partis adverses et qu'ils sont obligés de subir dans un établissement public ne leur appartenant pas; ceci prouve une fois de plus que, pour parvenir à leur indépendance, les travailleurs doivent être les maîtres chez eux, ne compter que sur eux-mêmes et doivent, dans la mesure du possible, consentir tous les sacrifices pouvant favoriser ce résultat.

CONCLUSIONS

Nous concluons :

1° A l'inviolabilité du domicile des travailleurs sous quelque motif que ce soit, même sous prétexte d'ordre public ;

2° Au droit pour les Unions de Syndicats ouvriers de posséder les immeubles nécessaires à leur fonctionnement.

XII

OFFICE DU TRAVAIL
CONSEIL SUPÉRIEUR DU TRAVAIL
CONSEILS DU TRAVAIL
MINISTÈRE DU TRAVAIL

LÉGISLATION

Office du Travail.

L'Office du travail, organisé par le décret du 19 août 1891 et modifié par le décret du 6 juin 1897, constitue au ministère du Commerce et de l'Industrie un service spécial placé sous l'autorité immédiate du ministre et ayant à sa tête un directeur nommé par décret.

Il se divise en service central et service extérieur représentés par des enquêteurs permanents et temporaires.

Toutes les fonctions sont rétribuées.

L'Office recueille, publie et coordonne toutes les informations relatives au travail, l'organisation et la rémunération du travail, ses rapports avec le capital, la condition des travailleurs, la situation comparée du travail en France et à l'étranger.

Le service central recueille tous les renseignements quels qu'ils soient, français ou étrangers, relatifs au travail.

Ces renseignements recueillis et élaborés par l'Office du travail servent d'éléments à une publication périodique « *Bulletin de l'Office du travail* ».

Conseil supérieur du Travail.

Le Conseil supérieur du travail, réorganisé par le décret du 14 mars 1903, est composé de 65 délégués élus, par le Sénat et la Chambre des députés, par les Syndicats ouvriers, par les Conseils des prud'hommes patrons et ouvriers et de délégués nommés par le ministre du commerce.

Ce Conseil se réunit chaque année le deuxième lundi de novembre, la session dure quinze jours.

Il peut être convoqué par le ministre en session extraordinaire à toute époque de l'année.

Une commission permanente composée de 7 employeurs, 7 travailleurs, 1 député, 1 sénateur est élue par le Conseil du travail, 3 membres sont désignés par le ministre du commerce.

La Commission permanente étudie, sur la demande du ministre, les conditions du travail, la condition des travailleurs, les rapports entre employeurs et travailleurs, en un mot tout ce qui concerne le travail.

Des allocations sont accordées aux membres ouvriers de la Commission.

Conseils du travail.

Les Conseils du travail sont régis par le décret du 17 septembre 1900 promulgué sur la proposition de M. Millerand, ministre du commerce.

Dans son exposé des motifs, M. Millerand s'exprimait ainsi :

. . . .

« C'est une constatation souvent faite et devenue banale que, dans la grande industrie moderne, le patron et l'ouvrier ne concluent pas le contrat de travail sur un pied d'égalité, si l'ouvrier reste isolé, sans entente avec ses camarades. La situation des deux contractants est, en effet, bien différente.

. . . .

« Contre ces périls, les ouvriers n'ont d'autre garantie que leur union, leur groupement en Syndicats pour l'étude et la défense de leurs intérêts professionnels. Encourager par tous les moyens, la formation de ces associations corporatives, si utiles au progrès de la paix sociale, est une tâche que ne saurait négliger un gouvernement républicain.

« Un des avantages essentiels de l'institution nouvelle sera précisément, en attribuant aux Syndicats un rôle actif et prépondérant dans l'élection des Conseils du travail, de fournir aux ouvriers et aux patrons une raison nouvelle d'utiliser la loi de 1884. »

M. Millerand rappelle que cette proposition avait été déposée par M. Léon Say en mars 1895 au Conseil supérieur du travail, et avait été rejetée par la majorité de 25 voix contre 22.

Voici la teneur de l'article 2 du décret du 17 septembre 1900.

« Art. 2. — Les Conseils du travail ont pour mission :

« 1° De donner leur avis soit à la demande des intéressés, soit à la demande du Gouvernement sur toutes les questions du travail ;

« 2° De collaborer aux enquêtes réclamées par le Conseil supérieur du travail et ordonnées par le ministre du Commerce et de l'Industrie ;

« 3° D'établir dans chaque région, pour les professions représentées dans le Conseil, et autant que possible en provoquant des accords entre Syndicats patronaux et ouvriers, un tableau constatant le taux normal et courant des salaires et la durée normale et courante de la journée de travail ; ce tableau, établi dans les formes prévues sous les numéros 1 et 2 des articles 2 des décrets du 10 août 1899, tiendra lieu, le cas échéant, aux administrations intéressées, des constatations prescrites sous lesdits numéros ;

« 4° De rechercher et de signaler aux pouvoirs publics les mesures de nature à remédier, le cas échéant, au chômage des ouvriers de la région ;

« 5° De présenter aux administrations compétentes des rapports sur la répartition et l'emploi des subventions accordées aux institutions patronales et ouvrières de la circonscription ;

« 6° De présenter, sur l'exécution des lois, décrets et arrêtés réglementant le travail, et sur les améliorations dont ils seraient susceptibles, un rapport annuel qui sera transmis au ministre du Commerce et de l'Industrie.

« Les rapports, avis, comptes rendus d'enquêtes, bordereaux établis par les Conseils du travail sont transmis aux administrations intéressées par les soins des préfets. »

Les Conseils du travail sont divisés en sections composées d'un nombre égal de représentants patrons et ouvriers classés par professions et professions similaires.

Dans chaque section, sont électeurs patrons et ouvriers les Syndicats professionnels légalement constitués, ils forment deux collèges distincts élisant séparément leurs représentants.

Des réunions plénières de toutes les sections d'un même département peuvent être convoquées par le préfet.

Telle est actuellement l'organisation des Conseils du travail.

PROJETS

Dans la séance du 11 novembre 1902, M. Francis Charmes rapportait au Sénat le projet de loi déposé sur cette question par MM. Bérenger et Charles Prevet.

Le rapporteur, après une vindicative critique du décret Millerand qu'il qualifiait d'illégal, s'est élevé contre l'élection forcée des Conseils du travail par les Syndicats professionnels en disant que tous, syndiqués ou non, devaient y participer.

Il croit que ce rôle facultatif donné en matière d'arbitrage aux Conseils du travail tendra par la pratique à devenir obligatoire, c'est dans ces conditions que la commission dont il est le rapporteur a cru devoir écarter systématiquement de la loi ces deux principes.

M. Trouillot, ministre du Commerce, répondant à M. Francis Charmes, dit que le reproche sur la légalité du décret Millerand n'est pas fondé, que le système préconisé actuellement par la commission se résume à cette formule nouvelle inattendue ; « Diviser pour réunir. »

La commission veut donner pour base électorale aux Conseils du travail le suffrage universel professionnel. Le Gouvernement est convaincu que, si ce mode d'élection est adopté, les Conseils ne seront qu'un vain mot; ils n'existeront que sur le papier. C'est ce qui est arrivé en Belgique.

Tous les ouvriers ont le droit de se syndiquer, et même les non-syndiqués seront représentés aux Conseils du travail, puisque ceux-ci seront élus en partie par les Conseils de prud'hommes eux-mêmes, ces Conseils ne vivront que s'ils représentent des forces déjà agissantes.

Le Sénat s'est malheureusement rangé à la proposition de sa commission et a adopté le projet en première lecture.

Telle est la question, d'un côté un décret en application, de l'autre un projet de loi retirant le véritable caractère démocratique de ce décret.

Ministère du travail

La création d'un ministère du travail a été agitée depuis un certain nombre d'années, et il est à remarquer que cette innovation se fait impérieusement sentir.

La complexité et l'étude des questions concernant le travail, la répartition de la main-d'œuvre, les exigences de plus en plus grandes, déterminées par le progrès, la concurrence et les différents systèmes économiques nécessitent la centralisation dans une même main de toutes les questions intéressant le travail en général, d'où découle la nécessité de créer un ministère spécial.

CONCLUSIONS

Nous concluons :

1° Maintien de la législation en cours en ce qui concerne l'Office du travail et le Conseil supérieur ;

2° Maintien du décret Millerand en renforçant le pouvoir arbitral des Conseils du travail en matière de coalition ;

3° Rejet du projet de loi Bérenger-Prevet voté en première lecture par le Sénat ;

4° Création d'un Ministère du travail, qui devra connaître et administrer toutes les questions concernant le travail.

XIII

CRÉATION DE CAISSES DE CHOMAGE

LÉGISLATION

Actuellement, aucune législation ne réglemente la pénible question du chômage.

Le titre Ier du décret du 21 vendémiaire an II, dont les articles sont en partie abrogés ou tombés en désuétude, réglementait les ateliers de charité qui étaient, dans une certaine mesure, appelés à remédier au chômage ; depuis cette époque aucun texte législatif ne vise la question.

Pour le présent, l'organisation de ces ateliers appartient aux communes qui y font face avec leurs propres ressources ; quelquefois l'État intervient de ses deniers.

Usages

Les caisses de chômage en France sont de deux types :

1° Les caisses purement ouvrières qui sont au nombre de 310 et comptent 30,297 membres. Ces caisses exigent une moyenne de 0,50 par mois et par membre et donnent une indemnité qui n'est pas supérieure à 2 francs pendant un temps déterminé ;

2° Les caisses de chômage subventionnées par certaines municipalités.

Ces caisses sont actuellement au nombre de 34 ; les plus anciennes sont celles de Dijon, fondée en octobre 1896, et celle de Limoges, fondée en 1897.

La municipalité de Lyon a inscrit à son budget un crédit destiné à subventionner les caisses de chômage; cette subvention est répartie entre les divers Syndicats de la ville ; la commune verse une somme égale à celle des cotisants. La caisse est indépendante de celle du Syndicat, le participant ne peut, chaque année, toucher plus de six semaines d'indemnité de chômage. Cette indemnité ne peut dépasser la moitié de la journée fixée par les tarifs syndicaux.

L'indemnité est donnée pour toute cause de chômage : surabondance de main-d'œuvre, événements, grèves, etc.

PROJETS

Le 9 juillet 1902, M. Bussat, conseiller municipal de Paris, déposait un projet portant création d'une caisse de chômage à Paris.

En novembre 1903, le Conseil supérieur du travail émettait le vœu suivant sur cette question :

« Que les caisses locales de secours contre le chômage soient subventionnées par les municipalités,

« A condition que les subventions accordées soient réparties entre les caisses de chômage existant dans la localité et satisfaisant à certaines conditions générales.

« Et que, pour chacune de ces caisses, la part de subvention normale annuelle soit inférieure aux cotisations de ses membres participants.

« Les caisses de chômage seront autorisées à recevoir des subventions des différents corps constitués.

« L'Etat est invité à subventionner ces caisses dans la limite de 50 0/0 des sommes versées par la caisse et sur ses propres ressources pour les frais de déplacement des chômeurs. »

Le 20 novembre 1903, M. Bussat soumettait à nouveau au Conseil municipal de Paris la proposition suivante :

« Le Conseil :

« Considérant que la création des caisses de chômage constitue un élément puissant d'amélioration du sort des travailleurs ; considérant que les grandes villes de France et de l'étranger ont nettement manifesté leur sentiment à cet égard ;

« Vu les vœux émis notamment par le Conseil supérieur du travail en novembre 1903,

« Délibère :

« L'Administration est invitée à nouveau à présenter un projet de création d'une Caisse de chômage municipale ou les moyens pratiques de venir en aide aux Caisses de chômage privées. »

Plusieurs propositions ont été faites au Parlement ; l'avant-dernière en date est celle de M. Jules Coutant qui établissait une taxe par cheval-vapeur pour obtenir les crédits nécessaires au fonctionnement d'une caisse de chômage.

Dans la présente année, M. Colliard et trente-deux de ses collègues ont déposé la proposition suivante :

« Article premier. — Il est institué près du ministre du Commerce une Caisse nationale de chômage.

« Art. 2. — La Caisse de chômage sera pourvue à l'aide de contributions fournies par l'Etat, les communes, les patrons et les ouvriers dans la proportion de 0 fr. 25 par mois par l'ouvrier, 0 fr. 25 par le patron, 0 fr. 10 par la commune et 0 fr. 40 par l'Etat.

« Art. 3. — Les sommes allouées aux chômeurs sont fixées au maximum à 2 francs par jour sans pouvoir dépasser la moitié du salaire habituel ; chaque chômeur ne pourra être secouru plus de trois mois par an » . . . .

. . . .

CONCLUSIONS

Nous concluons :

Etant donné la très minime cotisation (0 fr. 25 par mois) prévue pour les travailleurs et considérant qu'elle est à la portée de tous, nous ne pouvons qu'approuver un projet aussi utile et émettre le vœu de le voir promptement réaliser.

Nous nous associons aux conclusions du Conseil supérieur du travail et à la résolution présentée par M. Bussat au Conseil municipal de Paris.

XIV

GRÈVES ET ARBITRAGES

LÉGISLATION

Actuellement, la grève est régie par la loi du 25 mai 1864 abrogeant les articles 414, 415 et 416 du Code pénal ;

Par la loi du 21 mars 1884 ayant abrogé à nouveau l'article 416 du Code pénal ainsi que la loi des 14-27 juin 1791.

Elle est régie aussi par le texte qui a, par la loi de 1864, formé les articles 414 et 415 du Code pénal et par l'article 1382 du Code civil : « Tout fait quelconque de l'homme qui cause à autrui un dommage, oblige celui par la faute duquel il est arrivé, à le réparer. »

La seule application connue de cet article a eu lieu lors de la grève de Carmaux dans le procès Rességuier-Jaurès et par vengeance politique.

Le droit de grève est donc actuellement défini sous cette forme :

1° Le fait de se concerter en vue de préparer une grève n'est plus un délit ;

2° Cessent d'être considérés comme des atteintes au libre exercice de l'industrie et du travail les amendes, défenses, prescriptions, interdictions prononcées par suite d'un plan concerté.

L'arbitrage est régi par la loi du 27 décembre 1892 disant :

« Article premier. — Les patrons, ouvriers ou employés entre lesquels s'est produit un différend d'ordre collectif portant sur les conditions du travail, **peuvent** soumettre les questions qui les divisent à un comité de conciliation et, à défaut d'entente dans ce comité, à un conseil d'arbitrage, lesquels seront constitués dans les formes suivantes : »

Dix années d'expérience de cette loi platonique et sans sanctions ont surabondamment démontré son insuffisance. Sur 4,015 grèves constatées de janvier 1893 à janvier 1903, 1,025 ont eu recours à la loi du 27 décembre 1892, soit un peu plus du quart.

PROJETS

Principaux projets présentés sur la réglementation du droit de grève et arbitrage :

En 1894, projet Jules Guesde sur la grève; le 8 juillet 1895, project présenté au nom du Gouvernement par M. André Lebon sur les Conseils permanents de conciliation; le 23 janvier 1896, projet présenté au nom du Gouvernement par M. Mesureur sur la tentative obligatoire de conciliation; 1896, projet Merlin-Trarieux, présenté au Sénat, portant restriction au droit de grève pour une certaine catégorie de travailleurs.

Des propositions ont été également présentées par M. Dejeante, le 7 novembre 1895; par M. Jaurès, le 21 novembre 1895; par MM. Bovier-Lapierre, Charles Ferry et Dutreix le 22 novembre 1898, par M. Magnien, sénateur, le 19 juin 1899: par M. Fournière, sur l'arbitrage obligatoire, le 15 juin 1900; enfin, par MM. Waldeck-Rousseau et Millerand, le 15 novembre 1900.

De ces différents projets, nous en retiendrons trois principaux :

1° Le projet Merlin-Trarieux, présenté au Sénat en 1896 à l'issue des grèves des chemins de fer, des omnibus de Paris et des allumettiers ;

2° Le projet Jules Guesde, présenté en 1894 et repris en 1902 par Paul Constans, Bouveri, Delory et Jacques Dufour ;

3° Le projet Waldeck-Rousseau-Millerand, présenté le 15 novembre 1900 et repris par Millerand le 14 octobre 1902.

1° Projet Merlin-Trarieux

Ce projet, présenté par M. Merlin le 21 décembre 1894, a été repris par le Gouvernement le 4 mars 1895 (M. Trarieux, garde des sceaux), retiré en 1896 par le ministère Bourgeois ; il fut repris le 14 février suivant par MM. Merlin et Trarieux ; le Sénat le vota à cette date.

Ce projet avait pour but d'interdire le droit de coercition aux agents ou employés de l'Etat, aux ouvriers de ses manufactures et aux citoyens assurant un service public : transport, exploitation, etc. Lorsque M. Trarieux s'est lancé dans l'affaire Dreyfus, le projet a été abandonné comme par enchantement et dort depuis dans les cartons du Sénat.

2° Projet de M. Jules Guesde, repris par M. Paul Constans, etc.

Les articles 1er et 2 du projet sont ainsi rédigés :

« Article premier. — Les travailleurs des deux sexes sont considérés comme constituant, du fait seul de leur emploi, des Sociétés ouvrières par atelier, usine ou concession minière.

« Art. 2. — Ces Sociétés ouvrières seront assimilées pour la gestion des intérêts de leurs membres aux Sociétés capitalistes par actions.

« Les décisions prises en Assemblée générale sur convocation personnelle de tous les Sociétaires sont valables et exécutoires pour tous. »

Donc l'Assemblée générale, à la majorité des voix, décidera la grève, une Commission exécutive sera chargée des pourparlers avec les employeurs. Le projet prévoit contre les employeurs qui auront par des manœuvres de toutes sortes tenté de détourner les travailleurs de leur devoir, des pénalités variant de 50 à 500 francs, d'un emprisonnement de 5 jours à 1 un mois; en cas de récidive, l'amende pourra s'élever à 5,000 francs et l'emprisonnement à un an.

Les auteurs du projet désirent que la grève devienne exclusivement un droit collectif, qu'elle soit soumise à la loi des majorités, c'est-à-dire à cette volonté du plus obligatoire pour le moins.

3° Projet Waldeck-Rousseau-Millerand

L'article premier est ainsi rédigé :

« Article premier. — Dans tout établissement industriel ou commercial occupant au moins cinquante ouvriers ou employés, un avis imprimé remis à tout ouvrier ou employé se présentant pour être embauché, fera connaître si les contestations relatives aux conditions du travail entre les propriétaires de l'établissement et les ouvriers ou employés seront ou ne seront pas soumises à l'arbitrage tel qu'il est organisé par la présente loi. »

Tout établissement comptant plus de 50 ouvriers forme une circonscription électorale, employeurs et travailleurs s'engagent par écrit à se soumettre au projet de loi.

Les travailleurs élisent des délégués par usine à l'exclusion des agents préposés à la surveillance ou à la direction.

Les délégués reçoivent toutes les réclamations relatives au travail et les soumettent à l'employeur.

En cas de conflit, l'employeur désigne des arbitres pour s'entendre avec les délégués.

La grève ne peut être décidée que par un vote réunissant plus de la moitié des suffrages de l'atelier; elle est dans ce cas rendue obligatoire pour tout l'atelier.

Le vote doit être renouvelé tous les 7 jours. Au cas où elle ne serait pas votée, les travailleurs ne devront pas cesser le travail.

Dans le cas où la grève serait votée, l'arbitrage est soumis d'office au Conseil du travail qui exercera les droits reconnus aux arbitres par le Code de procédure civile.

Les sentences arbitrales sont rendues pour 6 mois.

Diverses sanctions pénales sont applicables pour entrave à la loi; elles varient de 100 à 2,000 francs d'amende et de un mois à un an d'emprisonnement.

L'article 463 du Code pénal sur les circonstances atténuantes est applicable.

En cas de non-exécution des contrats, les parties seront interdites, à temps déterminé, d'être électeurs ou éligibles aux divers scrutins relatifs à la représentation du travail.

Le projet de loi Millerand est donc facultatif, il ne s'applique qu'aux établissements ayant plus de cinquante ouvriers, et exige la majorité pour déclarer la grève.

CONCLUSIONS

Nous concluons :

Nous nous prononçons nettement contre la réglementation de la grève, pour la raison suivante :

Lorsqu'une grève est déclarée, elle est toujours déterminée par une minorité d'ouvriers conscients qui ont souvent beaucoup de peine à convaincre une majorité servile et peureuse. Le meilleur exemple pour entraîner cette majorité, est, pour la minorité, de cesser le travail, c'est en quelque sorte l'encouragement, la démonstration que ces travailleurs énergiques ne reculent devant rien, ne reculent pas devant le risque de perdre leur gagne-pain; qu'ils mettent leurs actes en harmonie avec leurs paroles pour la revendication des intérêts communs ou par esprit de solidarité en faveur d'un des leurs injustement frappé.

Par ces pourparlers, par cette entente préalable que préconisent les deux projets ci-dessus, l'influence occulte des employeurs aidant, les travailleurs hésiteront à se prononcer, reculeront même, abandonnant ainsi leurs revendications, se préoccupant par trop de la gêne pécuniaire. conséquence de ce chômage volontaire.

Donc à notre point de vue la réglementation de la grève serait plus préjudiciable aux travailleurs qu'elle ne leur serait profitable.

Nous sommes d'accord avec les auteurs des deux projets pour l'application des pénalités aux employeurs qui auront, soit par promesses ou menaces, soit par n'importe quel autre moyen, essayé d'entraver ou entravé le libre exercice du droit de grève.

Nous demandons :

1° L'abolition du délit pour préjudice causé par la cessation du travail;

2° Qu'au cas où il y aurait eu engagement entre les parties, le cas de grève ait un caractère suspensif;

3° Suppression des articles 414 et 415 du Code pénal.

Nous sommes partisan de l'arbitrage obligatoire et voici pourquoi :

Avec la connaissance des cours des matières premières, avec la constatation du revenu des frais généraux pour un corps de métier ou une spécialité, avec les prix de revient des nations étrangères augmentés des droits de douane, il est possible de se rendre compte si les salaires et la main-d'œuvre sont proportionnés aux bénéfices raisonnables dont devraient se contenter les employeurs ou s'il n'y a pas de leur part une honteuse exploitation de la misère humaine.

Des hommes expérimentés, des techniciens appartenant aux deux conditions en présence, pourraient logiquement arbitrer ces questions, au risque d'avoir recours à un arbitre départageur.

Pour les conflits étrangers à la question économique, un examen impartial des arbitres pourrait terminer, à la satisfaction de tous, de semblable faits.

Voilà pourquoi nous préconisons l'arbitrage obligatoire, ainsi que des sanctions pénales contre la partie la plus favorisée, si elle vient à manquer à ses engagements.

XV

SOCIÉTÉS COOPÉRATIVES

LÉGISLATION

Les Sociétés coopératives prirent naissance sous l'influence d'idées généreuses qui précédèrent la Révolution de 1848.

Par un décret en date du 5 juin 1848, l'Assemblée constituante mit à la disposition du Gouvernement un crédit de 3 millions de francs destiné à encourager les Associations d'ouvriers et les Associations mixtes d'ouvriers et de patrons.

Un autre décret en date du 15 juillet 1848 permettait aux Associations ouvrières de concourir aux adjudications des villes, des communes et de l'Etat.

Le Coup d'Etat du 2 décembre 1851 fut mortel pour la Coopération. Sous prétexte de faire rembourser les avances consenties par le décret du 5 juin 1848, on mit la main sur la caisse de ces dernières et on en vint aisément à bout par la terreur, trois de ces Sociétés résistèrent et sont encore prospères aujourd'hui.

La législation ne permettait plus aux Sociétés coopératives de se créer.

Ce n'est que le 24 juillet 1867, par un titre III inséré dans la loi visant les Sociétés à capital variable, que l'on leur permit de reprendre cours ; c'est la législation qui existe encore de nos jours.

La Coopération est une forme utile et féconde de l'Association ouvrière, elle tend à améliorer la condition physique et morale des classes laborieuses, par la réunion des épargnes, la communauté du travail et la solidarité des intérêts.

La Coopération se divise en quatre types fréquents : 1° de consommation ; 2° de production ; 3° de crédit ; 4° de construction.

Les Sociétés coopératives de consommation sont des Sociétés civiles, comportant la responsabilité illimitée de chacun de leurs membres ; elles ont pour but l'acquisition, la fabrication et la manutention par la Société de toutes denrées, marchandises et autres objets destinés aux besoins de leur profession ou industrie, si celles-ci ne sont pas sujettes à la patente.

Les Sociétés coopératives de production sont régies par la loi du 24 juillet 1867 modifiée par la loi du 1er août 1893, elles sont toujours des Sociétés commerciales, elles assurent aux travailleurs les moyens d'aborder directement la production, sans l'intermédiaire d'un entrepreneur ou patron. Comme rémunération du travailleur, le moyen le plus pratique est la participation aux bénéfices. Ces Sociétés bénéficient des mesures accordées par le décret du 4 juin 1888, articles ci-dessous.

« Art. 2. — Les Sociétés d'ouvriers français constituées dans l'une des deux formes prévues par l'article 19 du Code de commerce ou par la loi du 24 juillet 1867, peuvent soumissionner, dans les conditions ci-après déterminées les travaux et fournitures faisant l'objet des adjudications de l'Etat. — Des marchés de gré à gré peuvent également être passés avec ces Sociétés pour les travaux ou fournitures dont la dépense totale n'excède pas vingt mille francs (20,000).

« Art. 4. — Les Sociétés sont dispensées de fournir un cautionnement, lorsque le montant prévu des travaux ou fournitures faisant l'objet du marché ne dépasse pas cinquante mille francs (50,000).

« Art. 5. — A égalité de rabais entre une soumission d'entrepreneur ou fournisseur et une société d'ouvriers cette dernière sera préférée.

. . . .

« Art. 6. — Des acomptes sur les ouvrages exécutés ou fournitures livrées sont payés tous les quinze jours aux Sociétés d'ouvriers, sauf les retenues prévues par le cahier des charges. »

L'avis du Conseil d'Etat du 27 juin 1889, applique le décret du 4 juin 1888 aux départements.

La loi du 29 juillet 1893 étend aux Associations ouvrières le droit d'adjudication aux travaux communaux.

Les Sociétés coopératives de crédit ont pour objet d'assurer aux travailleurs associés le capital qui leur fait défaut, dont ils ont besoin, et qu'ils n'auraient pas à l'état d'isolement.

Les Coopératives de construction, ayant pour but la construction d'habitations à bon marché pour loger les associés, peuvent être classées dans les sociétés de production.

PROJETS

A diverses reprises, les deux Chambres se sont occupées de régulariser la situation des Coopératives, plusieurs projets ont été et sont encore actuellement déposés, mais aucun n'a pu aboutir.

Nous en citerons un des principaux qui mérite de retenir l'attention.

Un projet a été présenté à la Chambre, le 16 juillet 1888, par M. Charles Floquet, président du conseil, ministre de l'Intérieur ; après quelques modifications apportées par la commission, le texte fut voté en première et deuxième lecture et fut envoyé au Sénat le 7 juin 1889. Le Sénat a fait subir au projet un certain nombre de changements, y a ajouté un titre relatif aux Coopératives de crédit, un autre titre relatif aux maisons à bon marché, et l'a définitivement adopté dans sa séance du 21 juin 1892.

Le 23 janvier 1893, M. Paul Doumer, au nom de la commission spéciale, nommée par la Chambre, déposait un rapport sur le projet adopté par le Sénat en y apportant à nouveau quelques modifications. Voici le dispositif des principaux points de ce projet :

« Article premier. — La loi reconnaît trois espèces de sociétés coopératives :

« 1° Les Sociétés coopératives de consommation, qui ont pour but l'acquisition, la fabrication et la manutention par les Sociétés de toutes denrées, marchandises et autres objets destinés aux besoins personnels des sociétaires ou aux besoins de leur profession ou industrie, si celle-ci n'est pas sujette à la patente ;

« 2° Les Sociétés coopératives de crédit, qui ont pour but des opérations de crédit à effectuer avec les associés ou d'autres Sociétés coopératives ;

« 3° Les Sociétés coopératives de production qui ont pour but l'exercice en commun de la profession des associés pour l'entreprise des travaux, pour la vente des objets fabriqués ou travaillés par eux, ou produits par leur exploitation. »

Les Sociétés coopératives sont civiles ou commerciales.

Elles sont valablement représentées en justice par leur directeur ou un délégué à cet effet.

Le projet prévoit l'union de deux ou plusieurs

Sociétés coopératives, mais seulement pour poursuivre un but commun.

Les Sociétés coopératives peuvent former des Unions ou Syndicats pour l'étude et la défense de leurs intérêts suivant la loi du 21 mars 1884.

Les Sociétes de consommation doivent répartir les bonis éventuels entre les sociétaires au prorata de leurs acquisitions. L'intérêt du capital social ne pourra être supérieur à 6 0/0. Les objets acquis par l'intermédiaire de la Société ne doivent pas être destinés à la revente.

Les Sociétés de consommation peuvent admettre des adhérents moyennant un droit d'entrée de 2 fr.; dès que la bonification des achats atteint le prix d'une action, cet adhérent est déclaré sociétaire par le Conseil d'administration.

Les Sociétés de consommation qui se conforment aux règles ci-dessus, n'ont pas le caractère de Sociétés commerciales et ne sont soumises à aucune taxe que celles imposées aux particuliers non-commerçants.

Ces avantages ne peuvent être réclamés par les débits de boissons à consommer sur place.

Les Sociétés de production ne peuvent être constituées qu'après approbation de la valeur de l'apport fait par les associés, à moins que cet apport ne soit fait en espèces.

L'associé qui fait l'apport n'a pas voix délibérative dans les assemblées chargées d'estimer cet apport.

Dans ces Sociétés, il ne peut être procédé à aucun accroissement de capital avant le versement de la moitié au moins du montant des actions souscrites.

Les Sociétés coopératives de production qui utiliseront des ouvriers ou employés recrutés en dehors de leurs membres, ne jouiront des immunités fiscales que si elles font participer ce personnel aux bénéfices, cette participation devra être au moins de 50 0/0 des bénéfices.

Les Sociétés coopératives de crédit peuvent faire des

opérations d'escompte, d'avance, de transport de créance ou d'encaissement avec leurs propres associés ou avec d'autres Sociétés coopératives.

Elles peuvent contracter des emprunts pour augmenter leur fond de roulement.

Une série d'articles prévoit des pénalités pour violations à la loi.

Depuis le projet Doumer, la question des Coopératives revient périodiquement au moment de la discussion de la loi des patentes et, à différentes reprises, on a proposé de taxer les Coopératives au même titre que les commerçants.

Cette proposition est pendante au Parlement depuis 1895 ; votée par le Sénat, elle a été discutée et adoptée par la Chambre le 17 décembre 1903 comme article 9 de la loi des patentes :

« Art. 9. — Les Sociétés coopératives de consommation et les économats, lorsqu'ils possèdent des établissements, boutiques ou magasins pour la vente ou la livraison des denrées, produits ou marchandises, sont passibles des droits de patente au même titre que les Sociétés ou particuliers possédant des établissements, boutiques ou magasins similaires.

« Toutefois les Syndicats agricoles et les Sociétés coopératives de consommation qui se bornent à grouper les commandes de leurs adhérents et à distribuer dans leurs magasins de dépôt les denrées, produits ou marchandises qui ont fait l'objet de ces commandes, ne sont pas soumis à la patente. »

Tel est actuellement l'état de la question, le Parlement, n'ayant pas cru devoir aborder franchement la régularisation des Sociétés coopératives, la traite indirectement par la loi des patentes.

Plusieurs de ces établissements aspiraient à être soumis au droit commun, ce qui leur permettra à l'avenir de pouvoir vendre à boutique ouverte, nous ne pensons pas que ce soit le but qu'aient voulu atteindre les promoteurs de l'article 9, ils espéraient donner satisfaction aux réclamations des petits commerçants, mais c'est en vain, la concurrence deviendra plus redoutable pour ces derniers, les Coopératives, par l'importance de leurs achats, par leur clientèle attitrée, par les conditions supérieures de vente, par les bénéfices répartis sur leurs sociétaires, par leur facilité de vente à tout venant, porteront le plus redoutable des préjudices au petit commerce, qui ne bénificiera que des achats à crédit des travailleurs quand arrivera la fin du mois ou de la quinzaine.

Cette loi se retournera contre le but que se proposaient ses instigateurs.

CONCLUSIONS

Nous concluons :

1° A l'adoption du projet présenté par M. Paul Doumer en 1893 ;

2° A la création par l'Etat d'une banque de crédit populaire par un premier versement consenti à cet effet ;

3° A donner la facilité aux Associations ouvrières de soumissionner aux adjudications de l'Etat, du département et des communes, quelle que soit la somme et sans cautionnement ;

4° A faciliter les constructions d'habitations à bon marché.

XVI

SECOURS MUTUELS RETRAITES OUVRIÈRES

LÉGISLATION

Sur ces deux questions, les travailleurs disposent des organisations suivantes :

1° Versement facultatif par les travailleurs à la Caisse nationale des retraites;

2° Avantages créés par l'Etat, le département et les communes, en faveur de certains de leurs agents ou employés pour leur procurer une retraite;

3° Avantages consentis par l'Etat, le département et les communes à leurs agents en cas de maladie et blessures;

4° Avantages identiques (2° et 3°) consentis par certains établissements, magasins ou usines, en faveur des travailleurs qu'ils occupent;

5° Versements facultatifs des travailleurs dans les caisses syndicales;

6° Versements facultatifs des travailleurs aux Sociétés de secours mutuels et de retraites, ou aux Sociétés de prévoyance;

7° Versement des travailleurs dans les caisses patronales avec ou sans participation de l'employeur.

Nous nous occuperons en premier lieu du septième paragraphe, qui peut se décomposer ainsi :

a) Versement de l'employeur, sans retenue sur le salaire des travailleurs;

b) Versement du travailleur avec versement de l'employeur;

c) Versement du travailleur sans versement de l'employeur.

Loi sur les retraites.

Avant la loi du 27 décembre 1895, les droits du travailleur étaient bien aléatoires, sinon fictifs.

En effet, aucun texte de loi n'obligeant les employeurs à placer les retenues ou la valeur représentative de leurs promesses dans une caisse spéciale garantie, il arrivait que ces derniers en avaient la libre disposition et que, souvent, certains employeurs ne possédaient pas, eux-mêmes, dans leur caisse, le montant des retenues effectuées sur le salaire des travailleurs ou la valeur représentative des sommes qu'ils s'étaient engagés à verser en faveur de leurs employés ou ouvriers.

Aussi, dans ces conditions, les tribunaux, qui n'étaient armés par aucun texte de loi précis écartaient-ils systématiquement les légitimes réclamations des travailleurs dupés dont les retenues ou les avantages promis étaient venus grossir le chiffre de la faillite ou de la liquidation judiciaire de leurs employeurs.

La loi du 27 décembre 1895 a remédié en partie à cet état de choses, laissant pourtant subsister un point très important, que nous examinerons ci-dessous.

Les troisième et quatrième alinéas de l'article 3 et les premier et deuxième alinéas de la loi de 1895, sont ainsi rédigés :

Art. 3. — . . . .

. . . .

« Les sommes versées par les chefs d'entreprise dans la Caisse syndicale ou patronale devront être employées, soit en rentes sur l'Etat, en valeur du Trésor ou garanties par le Trésor, soit en obligations des départements, communes, des chambres de commerce, en obligations foncières ou communales du Crédit Foncier, soit en prêts hypothécaires, soit enfin en valeurs locales énumérées ci-après, à la condition que ces valeurs émanent d'institutions existant dans les départements où elles fonctionnent : bons de Mont-de-Piété ou d'autres établissements reconnus d'utilité publique. Les titres seront nominatifs.

« La gestion des Caisses syndicales ou patronales sera soumise à la vérification de l'inspection des finances ou au contrôle du receveur particulier de l'arrondissement du siège de la caisse. »

L'article 4 dit « que le seul fait du dépôt opéré, soit à la Caisse des dépôts et consignations soit dans toute autre caisse, des sommes ou valeurs affectées aux institutions de prévoyance, quelles qu'elles soient, confère aux bénéficiaires de ces institutions un droit de gage, dans les termes de l'article 2073 du Code civil, sur ces sommes et valeurs. »

Mais dans son deuxième alinéa le même article dit : « la restitution des retenues ou autres sommes affectées aux institutions de prévoyance qui, lors de la faillite ou de la liquidation n'auraient pas été effectivement versées à l'une des caisses indiquées ci-dessus est garantie pour la dernière année, et ce qui sera dû sur l'année courante, par un privilège sur tous les biens, meubles et immeubles du chef d'entreprise lequel prendra rang concurremment avec le privilège des salaires des gens de service établi par l'article 2101 du Code civil. »

L'article premier de cette loi dit que les travailleurs sont admis en cas de faillite, liquidation judiciaire, cessation de commerce ou autres à réclamer de plein droit la restitution des retenues ou des sommes non utilisées que l'employeur se serait engagé à fournir, mais le second alinéa de l'article 4, cité ci-dessus, dit que ces mêmes travailleurs ne pourront réclamer seulement que la dernière année et l'année courante.

Il y a là, évidemment une contradiction flagrante, très préjudiciable aux travailleurs; ce passage de l'article 4 peut être considéré comme un non-sens et fait, dans une certaine mesure, douter de l'efficacité de l'enquête préalable ou tout au moins de la vérification et du contrôle prévus par le quatrième alinéa de l'article 3 également cité.

En effet, si ces dernières formalités étaient scrupuleusement remplies, il ne serait pas utile de maintenir dans la loi ce paragraphe qui dit que la restitution des sommes non versées ne peut-être antérieure à la précédente année, car ce cas ne devrait pas pouvoir se produire.

Caisse nationale des retraites pour la vieillesse

Sur le 1er paragraphe, « versement à la Caisse nationale des retraites pour la vieillesse », nous nous bornerons à en indiquer succinctement l'objet.

La Caisse des retraites, créée par la loi du 18 juin 1850 et organisée par la loi du 20 juillet 1886, qui lui a donné le nom de Caisse nationale des retraites pour la vieillesse, a pour objet de recueillir et faire fructifier, par l'accumulation des intérêts, l'épargne réalisée par le déposant en vue de s'assurer une pension de retraite.

Elle permet à l'ouvrier, de parvenir à ce but par les plus petites épargnes capitalisées ; au père de famille par un léger sacrifice, de mettre ses enfants à l'abri du besoin pour la fin de leur carrière ; aux personnes arrivées à un âge avancé, et disposant d'un petit capital, de réaliser le placement le plus avantageux et le plus sûr ; aux communes, aux comices agricoles, aux caisses scolaires, aux particuliers bienfaisants, de répandre les habitudes d'ordre et d'économie, et les idées de prévoyance.

Le minimum du versement est de 1 franc ou de 2 francs lorsqu'il doit profiter aux deux conjoints.

Le maximum est de 500 francs pour la même personne dans la même année.

Les versements ne peuvent donner lieu à l'ouverture d'une pension supérieure à 1,200 francs.

Les retraites sont servies de l'âge de 55 à 65 ans.

Dans le cas de blessure grave ou d'infirmité la pension peut être liquidée par anticipation.

Les placements sont faits à capital aliéné ou à capital réservé et la rente est calculée sur un de ces deux modes.

Sociétés de secours mutuels et retraites

Les Sociétés de secours mutuels et de retraites sont régies par les lois du 1er avril 1898, 2 mai 1899 7 juillet 1900, décrets des 2 novembre 1901 et 14 avril 1902.

La loi de 1898 divise les Sociétés de secours mutuels en trois catégories : Sociétés libres, approuvées et reconnues comme établissement d'utilité publique.

Les Sociétés de secours mutuels sont des associations de prévoyance qui se proposent d'atteindre un ou plusieurs des buts suivants : assurer à leurs membres participants et à leur famille des secours en cas de maladie, blessures ou infirmités; leur constituer des pensions de retraite; contracter à leur profit des assurances individuelles ou collectives en cas de vie, de décès ou d'accident; pourvoir aux frais de funérailles; allouer des secours aux ascendants, aux veufs, veuves ou orphelins des membres participants décédés.

Elles peuvent, en outre accessoirement, à la condition qu'il soit pourvu à ces trois ordres de dépenses au moyen de cotisations ou de recettes spéciales : créer au profit de leurs membres des cours professionnels; créer des offices de placement gratuits; accorder des allocations en cas de chômage.

Il est nécessaire que les sociétés, pour avoir le caractère de Sociétés de secours mutuels, garantissent à tous leurs membres participants les mêmes avantages, sans autre distinction que celle qui résulte des cotisations fournies et des risques apportés.

Les Syndicats professionnels, constitués légalement aux termes de la loi du 21 mars 1884, qui ont prévu dans leurs statuts les secours mutuels entre leurs membres adhérents, bénéficient des avantages de la loi du 1er avril 1898.

Les Sociétés de secours mutuels ont le droit d'ester en justice.

Plusieurs Sociétés de secours mutuels peuvent se former en union et former une caisse commune.

Les Sociétés sont exemptes des droits de timbre et d'enregistrement.

Les Sociétés de secours mutuels approuvées ou reconnues d'utilité publique qui accordent à leurs membres des pensions supérieures à 360 francs ne participent pas aux subventions de l'Etat.

Les Sociétés qui conserveraient des sociétaires affiliés à plusieurs Sociétés, en vue de se constituer une pension supérieure à 360 francs, perdraient de plein droit les avantages concédés par la loi.

Les Sociétés de secours mutuels peuvent prévoir dans leurs statuts, en outre de l'indemnité à accorder pendant un certain délai au sociétaire malade, les soins du médecin et les médicaments gratuits.

Sociétés de prévoyance

La loi du 3 février 1902 autorise le fonctionnement des Sociétés de prévoyance établies sur le modèle de la société « Les Prévoyants de l'Avenir », ces Sociétés sont placées sous le coup de la loi du 1er juillet 1901 sur les associations.

Tel est l'examen sommaire auquel nous avons cru devoir nous livrer pour justifier nos conclusions.

PROJETS

Pour suivre fidèlement l'état de la question si intéressante des retraites ouvrières, question si délicate et si difficile à résoudre, il est nécessaire de passer en revue très succinctement quelques-uns des principaux projets présentés depuis 1879 pour aboutir à la loi du 29 juin 1894 sur la retraite des ouvriers mineurs et à la situation actuelle.

Le 11 décembre 1879, MM. Martin-Nadaud, Charles Floquet et un certain nombre de leurs collègues, déposaient une proposition de loi sur les retraites ouvrières; ce projet avait un caractère général. Il prononçait la participation obligatoire de l'ouvrier, la cotisation du patron et une subvention de l'Etat.

Sur le rapport de la commission d'initiative, la proposition fut prise en considération par la Chambre, le 4 mai 1880, par 400 voix contre 4.

Le 11 décembre 1880, M. Brossard déposait un projet ayant spécialement trait aux ouvriers mineurs. Les caisses devaient être alimentées par les ouvriers et par les patrons.

Le 14 mai 1881, M. Martin-Nadaud rapportait les deux propositions et proposait un nouveau texte élaboré par MM. Masse et Guyot, adopté par la commission le 1er avril 1881 et prévoyant la participation obligatoire du travailleur et de l'employeur avec subvention de l'Etat.

Le rapporteur fait savoir que l'enquête ouverte par la commission n'a pas été favorable à l'adoption des idées contenues dans le projet, que, notamment, le principe de l'obligation avait rencontré une vive opposition de la part des intéressés.

Le 21 novembre 1882, MM. Regnault et Guillot déposaient un nouveau projet comportant la participation de l'ouvrier, du patron et de l'Etat.

Le 30 novembre 1882, M. Brousse et 52 de ses collègues, à la même date M. Waldeck-Rousseau et 32 de ses collègues, le 13 mars 1883 MM. Chavanne et Girodet déposaient divers projets comportant l'obligation de l'ouvrier, du patron et de l'Etat pour la constitution d'une Caisse de retraites en faveur des ouvriers mineurs.

Le 21 mars 1887, M. Audiffred présentait un rapport comportant l'obligation et prévoyant le versement des mineurs et des exploitants sans concours de l'Etat. La Chambre adoptait, dans la séance du 5 juillet 1889, le projet Audiffred.

Le 26 janvier 1893, le Sénat discutait ce projet sur le rapport fait au nom de la commission par M. Cuvinot, sénateur.

LÉGISLATION

Enfin, le 29 juin 1894 la loi était votée par le Parlement.

L'article 2 prévoit :

« L'exploitant versera, chaque mois, soit à la Caisse nationale des retraites pour la vieillesse soit dans une des caisses prévues à l'article 4 (caisses patronales ou syndicales) pour la formation du capital constitutif des pensions de retraite, une somme égale à 4 0/0 du salaire des ouvriers ou employés, dont moitié à prélever sur le salaire et moitié à fournir par l'exploitant lui-même. »

Les versements peuvent être augmentés par l'accord des deux parties.

L'exploitant peut prendre à sa charge une fraction supérieure à la moitié des versements.

Telle est la législation.

PROJETS

Le 14 octobre 1902, MM. Basly, Salle, Lamendin et Defontaine déposaient un projet de modification à la loi du 29 juin 1894 sur les retraites des ouvriers mineurs.

« Article premier. — Toute retenue sur les salaires

des ouvriers mineurs en vue de leur assurer une pension de retraite est interdite.

« L'exploitant versera une somme de 6 0/0, la pension sera à 50 ans d'âge après 30 ans de service de 2 francs par jour; en cas d'insuffisance la participation de l'Etat viendra s'ajouter.

« Pour les ouvriers atteints d'invalidité, la pension sera proportionnelle au séjour dans les mines. »

La Chambre n'a pas encore discuté le projet.

Loi des finances 1903

Les articles 84 à 98 de la loi des finances du 31 mars 1903 prévoient une somme de un million destinée à la majoration des pensions d'âge ou d'invalidité des travailleurs des mines ayant une pension inférieure à 360 francs, 55 ans d'âge et 30 années de sociétariat, c'est un point de départ pour la subvention annuelle à accorder par l'Etat.

Projets sur les retraites ouvrières

Partant du 11 décembre 1879, date où a été déposé le projet Martin-Nadaud cité ci-dessus, à part les projets spéciaux à la Caisse des retraites des ouvriers mineurs, jusqu'en 1890, il ne semble pas que les projets en faveur des retraites aient été bien nombreux.

Nous allons très succinctement examiner les projets, à partir de cette date, se rapportant à cette brûlante question.

Le 19 janvier 1890 MM. Laisant et Gabriel présentaient un projet. La Caisse des retraites était alimentée par une contribution patronale de 5 centimes par journée de travail, par une taxe sur les étrangers et par le produit des droits de douane sur les matières alimentaires de première nécessité. La retraite prévue était de 500 francs à 70 ans.

Le 27 mars 1890, M. Bérard proposait que des subventions soient accordées par l'Etat, les départements et les communes à toute personne qui, de l'âge de 15 ans à celui de 60, aurait fait un versement d'au moins 1 franc par mois à la Caisse des retraites. La retraite prévue était de 365 francs à 60 ans.

Le 3 juin 1890 M. Papelier proposait que la Caisse des retraites soit alimentée par les versements individuels des déposants et les subventions de l'Etat et des communes. Ces subventions proviendraient pour l'Etat d'un impôt sur les célibataires, d'une taxe sur les étrangers et de droits de douane sur les matières alimentaires. La retraite était fixée à 500 francs sans limite d'âge.

Le 3 juin 1890 MM. Adam et Piérard proposaient que les adhérents facultatifs fassent 30 versements de 18 francs par année, moyennant ces versements une retraite de 360 francs aurait été garantie.

Le 8 juillet 1890, MM. de Ramel et Le Gavrian proposaient le versement facultatif du travailleur et du patron ; une retenue de 5 centimes par jour sur le salaire du travailleur, l'employeur versant la même somme, ce projet donnerait, à condition que les versements aient commencé à dix-huit ans, une retraite de 450 francs à soixante-huit ans; l'Etat n'est pas en cause.

Le 21 mars 1891, MM. Isambart et Goujon déposaient également un projet de retraites qui prévoyait le versement obligatoire à la Caisse de retraites pour tous les travailleurs de quinze à soixante ans dont le revenu est inférieur à 3.000 francs; il serait facultatif pour toutes autres personnes. Les versements sont de 10 centimes par jour. Une contribution imposée aux patrons occupant des ouvriers étrangers et une subvention de l'Etat pendant la durée du service militaire serait venue grossir la retraite.

Le 6 juin 1891, M. Constans, Ministre de l'Intérieur, présentait, au nom du Gouvernement, un projet s'appliquant aux travailleurs français qui ne jouissent pas de ressources annuelles supérieures à 3.000 francs.

Le projet prévoit pour les travailleurs la présomption d'acquiescement à moins de déclarations contraires. Les versements s'opèrent de vingt-cinq à cinquante-cinq ans sans interruption. L'employeur doit retenir sur le salaire des travailleurs 5 ou 10 centimes par jour et faire un versement égal. L'Etat accorde une subvention égale aux deux tiers des versements.

Le titulaire devra justifier au moment de la liquidation de sa pension qu'il ne jouit pas d'un revenu supérieur à 600 francs. Un texte spécial taxe les ouvriers étrangers et les versements non acquis de l'Etat par suite de revenus supérieur à 600 francs doivent servir à liquider par anticipation des pensions d'invalidité.

Cette proposition était, à quelque chose près, celle présentée par Martin-Nadaud, en 1879.

Le 16 février 1892, M. Lacôte présentait un projet tendant à instituer :

1° Une Caisse nationale de retraites pour les vieillards des deux sexes âgés de plus de 60 ans;

2° Une Caisse de secours pour les incapacités absolues et temporaires de travail;

3° Une Caisse de secours immédiat à l'extrême misère.

Son dispositif consiste essentiellement dans la capitalisation pendant vingt-cinq ans d'une annuité de 75 millions de francs versés par l'Etat et d'une annuité égale servie par une Caisse de secours temporaire. Cette caisse de secours serait elle-même alimentée par un impôt sur les célibataires et le versement d'une ou deux journées de salaire ou de revenu fait par tout Français, suivant sa position ou ses ressources.

Le revenu de ces annuités capitalisées servirait à constituer des rentes à tous les vieillards de plus de 60 ans. De plus, dans chaque département, serait créé un hôtel des invalides du travail et, dans chaque canton un hôpital.

Le 11 avril 1892, M. Chassaing proposait que tous les Français des deux sexes, âgés de 60 ans, à l'exception de ceux qui jouissent d'un revenu supérieur à celui fixé par la loi, aient droit à une retraite de 800 francs pour Paris et 300 francs pour les communes au-dessous de 12,000 habitants.

La caisse serait alimentée par des droits de succession 1 0/0 pour 10,000 francs et au-dessous, 20 0/0 pour 50,000 à 100,000 et 75 0/0 pour les successions supérieures à 1 million.

Nous arrivons à la séance du 11 février 1893 où M. Paul Guieysse dépose son rapport sur les divers projets de loi présentés en même temps que son premier projet personnel.

L'article premier dit :

Il est créé, au profit des travailleurs français des deux sexes, une Caisse nationale ouvrière de prévoyance alimentée par les versements des adhérents, les contributions des employeurs ou patrons et les subventions de l'Etat.

Art. 7. — Sont admis à bénéficier des avantages de la Caisse nationale ouvrière de prévoyance :

1° Tous les salariés de nationalité française ne relevant pas d'une administration publique ou privée qui possède déjà une caisse de retraite régie ou reconnue par l'Etat ;

2° Les artisans, tâcherons, patrons, entrepreneurs ou commerçants, à condition néanmoins qu'ils n'occupent pas d'une façon permanente plus de deux ouvriers étrangers à la famille ;

3° Les membres des Sociétés coopératives de production ;

4° Les fermiers, les métayers, à condition qu'ils n'occupent pas plus de deux ouvriers étrangers à la famille d'une façon permanente, et les petits propriétaires exploitant eux-mêmes leur bien avec leur famille.

L'inscription à la Caisse nationale ouvrière n'est pas obligatoire.

Une contribution patronale est due à la Caisse nationale ouvrière par tout employeur ou patron ayant utilisé, à un titre quelconque, le travail de toute autre personne, moyennant salaire.

Le 15 février 1894, M. Brincard a déposé un projet comportant la participation des travailleurs, des employeurs et de l'Etat, une taxe spéciale frappe les patrons étrangers, le projet fait bénéficier des dons et legs ainsi que du montant des livrets non réclamés.

Depuis cette époque, environ quarante projets ont été déposés. Nous citerons les principaux, car les autres ne sont que la reproduction des idées émises ci-dessus.

En 1896, M. Jacques Escuyer déposait un projet, et son auteur le commente dans une très intéressante brochure parue en 1900. Ce projet prévoyait la participation obligatoire de tous les salariés des deux sexes sans exception, des petits patrons industriels et agricoles et des professions dites libérales.

La retraite était de 360 francs à l'âge de 60 ans; elle pouvait être acquise par anticipation en cas d'invalidité.

Chaque participant devait verser 1 franc par mois (sauf en cas de chômage), l'employeur devait verser 2 francs par mois et par travailleur.

Au moment de la promulgation de la présente loi tous les participants âgés de 60 ans devaient toucher 360 francs.

Le 28 mars 1897, M. Audiffred a déposé un projet; ce projet, devenu caduc, a été déposé à nouveau par son auteur en juillet 1898.

Cette proposition prévoyait que les retraites seraient servies à 60 ans; les versements sont facultatifs à raison de 4 0/0 des salaires, l'employeur doit verser 2 0/0 sur cette somme.

Les pensions inférieures à 360 francs sont majorées par l'Etat pour atteindre ce chiffre.

En cas d'invalidité, la pension est liquidée avant 60 ans d'âge.

En mars 1897, M. Paschal Grousset déposait un projet comprenant en même temps que les retraites ouvrières le crédit aux Syndicats industriels ou agricoles.

Ce projet repose sur le principe d'amortissement graduel de la machine humaine par ceux qui l'usent.

La Banque de France devra gérer les fonds, la Caisse sera alimentée par une taxe fractionnée à un centime sur quiconque paie le travail d'autrui. La retraite serait de 600 francs à 60 ans.

En juin 1898, MM. Zévaès, Bénezech, Antide Boyer, etc., présentaient un projet obligatoire.

La retraite était fixée à 60 ans d'âge, 500 francs pour les personnes mariées et 400 francs pour les célibataires, à la condition qu'ils ne jouissent pas d'un revenu assuré de 1,000 francs au minimum. Ceux dont le revenu est inférieur à 1,000 francs n'auront droit qu'à la rente complémentaire pour porter à 1,000 francs leur revenu annuel.

La gratuité des frais médicaux et pharmaceutiques est accordée à tout participant ainsi qu'une allocation de 1 fr. 50 par jour en cas de maladie.

Une pension variable peut être allouée en cas d'incapacité permanente de travail.

Tout participant verse 1 franc par mois, les employeurs 1 fr. 50 et l'Etat se charge du surplus, qui peut atteindre 693 millions inscrits au budget annuel.

En juillet 1898, M. Gervais a déposé un projet fixant la retraite à 60 ans. Le système est la répartition : « Ceux qui versent payent ceux qui reçoivent. » La pension minimum résulte des versements des travailleurs et des patrons à raison de 4 0/0 fournis par chacun et par prélèvement sur le salaire ; la retraite est acquise à 60 ans pour tous ceux qui justifieront d'un versement minimum de 12 francs par an pendant 20 ans au moins.

La caisse est ouverte facultativement aux petits patrons et petits commerçants dans des conditions déterminées.

Les taux maxima des pensions sont fixés à trois cents francs pour les célibataires et à trois cent soixante francs pour les hommes mariés. Les pensions pourront être majorées par l'Etat et, s'il y a lieu, avec l'aide ou la coopération du département et des communes en tenant compte du nombre d'enfants, du nombre des versements et l'âge atteint par le rentier.

Pendant la période transitoire, l'assistance est obligatoire. Tout citoyen, âgé de soixante-cinq ans, recevra une somme de 100 francs par an.

En octobre 1898, M. Maruéjouls, ministre du Commerce, présentait un projet de retraite au nom du gouvernement.

Ce projet reposait sur l'obligation pour tout salarié de l'industrie, du commerce et de l'agriculture.

Le retraite, fixée à soixante-cinq ans, ne peut être inférieure à 360 francs.

Tout employeur doit faire, à la Caisse nationale des retraites, des versements mensuels de 4 0/0 prélevés par moitié sur le salaire du travailleur et l'autre moitié fournie par l'employeur.

Toute retraite inférieure à 360 francs est majorée par l'Etat.

En octobre 1898, M. Dubuisson proposait une Caisse nationale garantissant une indemnité de chômage en cas de maladie et une retraite de 300 francs à l'âge de 70 ans.

Tout participant a droit aux soins médicaux et pharmaceutiques.

L'indemnité de chômage sera de 1 franc par jour.

Le pensionné devra justifier qu'il ne jouit pas d'un

revenu supérieur à 600 francs, avec un revenu moindre il ne recevra que le complément de 600 francs.

En cas d'invalidité, la retraite sera acquise avant soixante-dix ans.

Cette proposition repose sur l'obligation des versements égaux des participants et des employeurs; la répartition et la majoration de l'Etat avec une partie des charges au compte des communes.

En novembre 1898, MM. Chauvière, Allemane, etc, proposaient que tout Français âgé de soixante ans ait une pension de 600 francs à l'exclusion des professions libérales, des propriétaires et des rentiers jouissant d'un revenu supérieur à 600 francs. Les ressources seraient prélevées sur les successions et par impôt.

En novembre 1898, M. Puech proposait que tout Français âgé de soixante-dix ans ait droit à une pension de 360 francs ou la valeur nécessaire pour compléter son revenu à 360 francs.

Le service de ces pensions est assuré par des avances de la Caisse nationale des retraites, au titre d'un compte spécial ouvert au Trésor et producteur d'un intérêt égal à celui du taux de capitalisation de la rente.

En mars 1899, MM. Vaillant, Allard, etc., proposaient que tout travailleur, âgé de 60 ans, ait une pension annuelle variant de 600 à 300 francs pour les hommes et de 500 à 200 francs pour les femmes.

Des ressources générales variées assuraient le service de ces pensions évaluées dans la proposition à 372 millions.

En mars 1899, M. Louis Ricard déposait un projet avec inscription facultative.

La caisse est alimentée par versements égaux des travailleurs et des employeurs à raison de 5, 10 ou 15 centimes par jour suivant l'âge de l'ouvrier et le montant de son salaire.

Ces versements facultatifs pour les travailleurs sont obligatoires pour les employeurs. Les cotisations des employeurs non employées serviront à alimenter un fonds spécial destiné à la majoration des pensions.

Les patrons paieront une cotisation de 0,20 par jour et par ouvrier étranger.

La retraite inférieure à 360 francs à 65 ans est complétée à cette valeur, pourvu que le titulaire justifie de 7,500 journées de travail; en cas d'invalidité, 2,000 journées seront suffisantes. Dans ce cas la majoration sera de droit pour atteindre le chiffre ci-dessus.

Nous arrivons au nouveau projet Guieysse, déposé le 9 mars 1900; ce projet a été modifié par le ministre du Commerce, M. Millerand, et déposé au nom du Gouvernement.

La Chambre a consacré vingt et une séances, du 4 juin au 2 juillet 1901, à la discussion générale et à la discussion de l'article premier.

Le projet Guieysse-Millerand ne s'appliquait qu'aux ouvriers ou employés de l'Industrie, du Commerce et de l'Agriculture, et aux sociétaires ou auxiliaires employés par les Associations ouvrières de production.

Une loi spéciale devait concerner les domestiques attachés à la personne, les petits artisans, petits commerçants, cultivateurs, etc.

La retraite était fixée à 65 ans; elle pouvait être anticipée en cas d'invalidité.

Tout travailleur désigné ci-dessus, s'il n'est âgé de 65 ans, doit subir une retenue de 5 centimes par journée de travail pour salaire inférieur à 2 francs, 10 centimes pour salaire égal ou supérieur à 2 francs; l'employeur verse de son côté une somme égale à la retenue opérée sur le salaire du travailleur.

La retraite est fixée à 360 francs; elle est, en cas d'insuffisance de versement, majorée à cette somme si l'ayant droit justifie de 7,500 journées de travail.

En cas d'invalidité, les travailleurs ont droit à la même somme s'ils justifient de plus de 2,000 journées de travail.

En cas de décès et s'il est marié, le conjoint a droit à un capital de 500 francs; les enfants légitimes ou naturels reconnus sont assurés jusqu'à l'âge de 16 ans par un capital de 500 francs.

Ne bénéficieront de l'avantage de 360 francs que les travailleurs âgés de moins de 35 ans à la promulgation de la présente loi.

Une dégression est applicable pour les travailleurs âgés de plus de 35 ans partant d'un minimum de 155 francs pour atteindre le maximum de 360 francs.

Les trois premiers articles du projet du ministre du Commerce Millerand sont ainsi libellés :

« Article premier. — Tout ouvrier ou employé, tout sociétaire ou auxiliaire employé par une Association ouvrière a droit, s'il est de nationalité française et dans les conditions déterminées par la présente loi, à une retraite d'invalidité payable mensuellement, sur certificat de vie, délivré sans frais par le maire de sa résidence.. . . . .

. . . .

« Art. 2. — Tout travailleur visé à l'article premier et âgé de moins de 65 ans doit subir sur son salaire, avant paiement, une retenue comme suit :

5 centimes par journée de travail, s'il n'a pas 18 ans ou si son salaire est inférieur à 2 francs par jour ;

10 centimes si, ayant au moins 18 ans, il gagne un salaire égal ou supérieur à 2 francs par jour et inférieur à 5 francs.

15 centimes par journée de travail s'il gagne un salaire égal ou supérieur à 5 francs par jour.

La présente loi ne s'applique pas aux employés recevant un traitement supérieur à 4.000 francs.

« Article 3. — Tout employeur, toute Association ouvrière de production doit, sous sa responsabilité effectuer chaque mois, sur les sommes dues aux travailleurs visés à l'article premier, les retenues fixées par l'article précédent et y joindre une contribution personnelle d'égale quotité. »

Pour les travailleurs étrangers, l'employeur n'opère pas de retenue. Il verse directement pour chaque journée de travail uniformément 25 centimes, sans distinction d'âge ni de salaire.

La Chambre, dans sa séance du 2 juillet 1901, votait l'article premier du projet et invitait le ministre du Commerce à consulter les présidents des Chambres de Commerce, les Chambres consultatives des Arts et Manufactures et les Syndicats professionnels.

Le 9 juillet 1901, M. Millerand adressait une circulaire disant dans son deuxième paragraphe. « Vous voudrez bien me faire parvenir avant le 20 septembre prochain, les observations qu'il vous paraîtrait utile de présenter sur ce projet. »

La presque unanimité des organisations consultées donnèrent un avis contraire au projet présenté et principalement contre les articles 2, 3 et 4.

Le principal grief invoqué est que le projet reposait sur l'obligation. Or, ni travailleurs, ni employeurs n'en voulaient.

Le motif est que l'obligation de fournir une rente devait s'imposer à la Société tout entière et non à une catégorie de contribuables et aux travailleurs eux-mêmes.

Le deuxième grief se traduisait par une protestation contre la gestion de l'Etat.

Le troisième disait que bien peu nombreux sont les travailleurs qui atteignent l'âge de soixante-cinq ans.

Le quatrième, que les trois taxes de 0 fr. 05, 0 fr. 10 et 0 fr. 15 aboutiraient à une contribution progressive à rebours, celui qui a un faible salaire paierait relativement plus qu'un autre qui a un salaire plus élevé.

Un salaire de 0 fr. 50 par jour sera frappé de 10 0/0 de retenue tandis qu'un salaire de 10 francs ne sera frappé que de 1 fr. 50 0/0..

Cinquième, à versement égal certaines Compagnies d'assurance donneraient au travailleur une retraite supérieure à celle proposée.

Jusqu'à présent les choses sont restées en état et la Chambre ne s'en est pas occupée de nouveau.

Depuis cette date et dans la législature actuelle, quelques autres projets ont été déposés : nous en citerons trois principaux.

M. Guieysse a repris son projet cité ci-dessus en le modifiant.

Les retraites sont assurées par une retenue de 4 0/0 sur les salaires supportée moitié par l'employeur et le travailleur, elles sont fixées à 360 francs à 65 ans.

Le versement est obligatoire. Tout travailleur peut réclamer la liquidation de sa retraite à partir de cinquante-cinq ans d'âge.

Les travailleurs invalides doivent justifier d'un versement de deux années.

Si la retraite excède 360 francs le titulaire peut réclamer le versement en capital de l'excédent, pourvu que la valeur dépasse 50 francs.

Tout travailleur peut effectuer des versements personnels supplémentaires.

Les travailleurs ayant au moment de l'application plus de 65 ans recevront une pension de 100 francs par an. Les travailleurs ayant moins de cet âge recevront, partant de 64 ans pour atteindre 36 ans, de 100 à 180 francs. Les travailleurs âgés de moins de 36 ans recevront 360 francs à leur soixante-cinquième année ; les retraites inférieures à ce chiffre seront majorées par l'Etat.

MM. Achille Adam, Taillandier, Jean Plichon ont déposé un projet dont les principales dispositions sont les suivantes :

La pension sera de 360 francs à partir de 55 ans pour tout citoyen français faisant partie d'une Société de secours mutuels et ayant un revenu inférieur à 360 francs.

Une caisse de retraite sera alimentée :

1° Par des subventions de l'Etat, des départements et des communes ;

2° Par un impôt spécial de 5 0/0 payé par l'employeur sur le montant des salaires des travailleurs;

3° Par le montant des successions en déshérence.

La part contributive des départements sera de 10 centimes par tête de contribuable inscrit à l'une des quatre contributions.

La part contributive des communes sera de 1 centime additionnel.

L'Etat versera une prime de 50 centimes par franc versé; la prime ne pourra être supérieure à 6 francs. Du jour où la rente annuelle atteindra 360 francs le versement de l'Etat cessera.

Tout travailleur mutualiste atteint d'invalidité qui pourra justifier d'un versement annuel de 12 francs, pendant 10 ans aura droit à la retraite.

MM. Lemire et Gayraud ont également déposé un projet.

L'assurance est obligatoire pour les travailleurs qui ont un salaire inférieur à 2,400 francs. La retraite de 360 francs à 65 ans est assurée par la contribution du travailleur et de l'employeur avec subvention de l'Etat.

Le projet s'étend à tous les salariés quels qu'ils soient et facultativement à tous les petits patrons, petits commerçants, etc., qui n'ont pas un gain annuel supérieur à 2,400 francs.

Le projet assimile les travailleurs étrangers aux français.

Les versements sont répartis entre cinq catégories de salariés.

LÉGISLATIONS ÉTRANGÈRES

Quand nous aurons cité très succinctement les systèmes employés à l'étranger, nous aurons résumé une grande partie des idées émises sur cette question.

En Angleterre, les Friendly-Societies et les Trade's Unions servent des pensions à leurs membres. Leurs capitaux s'élèvent à la somme de 3 milliards 200 millions; la somme assurée par contrat représente une pension annuelle de 235 francs.

L'Etat demeure complètement étranger à la gestion de ces caisses.

En Italie, une Caisse nationale de prévoyance pour l'invalidité et la vieillesse a été créée le 1er octobre 1899; l'Etat a fait un seul don de 10 millions, mais il s'est seulement réservé le droit d'établir un contrôle et une surveillance.

La Caisse est assurée par les versements des travailleurs et des employeurs.

La retraite est acquise à 60 ans.

En Suisse, le 20 mai 1900, le Peuple, consulté par voie de référendum, s'est prononcé contre l'assurance obligatoire pour les maladies et les accidents; la retraite n'a pas encore été soumise à sa consultation.

En *Danemark*, de nombreuses sociétés de secours mutuels assurent les retraites.

En *Autriche-Hongrie*, l'obligation est imposée pour l'assurance en cas de maladie et d'accident, mais non pour les retraites.

En *Allemagne*, l'obligation existe, la loi du 22 juin 1889 impose, à partir de l'âge de 16 ans, l'assurance contre l'invalidité :

1° A tous les ouvriers salariés, apprentis, domestiques;

2° A tous les employés des exploitations et du commerce gagnant moins de 2,500 francs par an;

3° Aux petits industriels n'employant qu'un seul ouvrier;

4° Aux patrons travaillant à domicile, sans même examiner le nombre des salariés qu'ils emploient,

Moyennant des cotisations perçues pendant cinq ans au moins, l'ouvrier malade ou frappé d'invalidité quel que soit son âge, a droit, en principe, à une pension ; à l'âge de 70 ans, cette pension est de droit ; elle varie entre 144 francs et 566 fr. 25 ; l'Etat y participe par un versement annuel de 62 fr. 50.

Depuis 1891 jusqu'en 1900, les retraités allemands ont reçu de l'Etat 789 millions de francs.

Dans les trois principaux Etats de la Confédération australienne : Nouvelle-Zélande, Nouvelles-Galles du Sud et la colonie Victoria, l'Etat se charge de fournir une pension à tout travailleur âgé qui s'est bien conduit et qui, pourtant, n'a pu amasser de quoi assurer ses derniers jours.

La pension est obtenue à 65 ans. En cas d'invalidité, elle est obtenue à 60 ans.

Dans ce pays, l'intervention de l'Etat a résolu ce problème sans demander d'autres contributions spéciales aux travailleurs et aux employeurs que celle de l'impôt.

En *Belgique*, l'assurance est facultative. La Caisse est ouverte à tous ; l'Etat ne contribue que si le déposant ne paie pas une certaine somme d'impôt.

La subvention de l'Etat est fixée à 0 fr, 60 par franc, versé jusqu'à concurrence de 15 francs par an.

Elle est donc limitée à 9 francs ; dès que le titulaire est assuré pour 360 francs, l'Etat ne verse plus pour lui. Ce titulaire est libre de continuer les versements pour son propre compte.

COMMENTAIRE

Pour mémoire, nous citerons le projet d'assistance aux vieillards voté par la Chambre, sur la proposition de M. Bienvenu-Martin et comportant la participation de l'Etat, des départements et des communes. Ce projet, actuellement en instance devant le Sénat, prévoit que les communes pourront allouer une pension annuelle qui ne pourra être inférieure à 5 francs par mois à tous les invalides et vieillards âgés de plus de

70 ans n'ayant pas les moyens suffisants d'existence ; il s'agit là, d'une œuvre d'assistance, rien de plus.

Des différents projets cités, il y a à examiner plusieurs points principaux.

Sauf deux ou trois, les autres ne s'appliquent qu'à deux catégories de citoyens, les ouvriers et employés des deux sexes.

Le plus grand nombre reposent sur l'obligation et dérivent des versements corrélatifs des travailleurs et des employeurs avec ou sans intervention de l'Etat.

Les autres sont essentiellement facultatifs tout en prévoyant les mêmes conditions.

Les projets qui reposent sur l'obligation pour les ouvriers et employés deviennent facultatifs pour une certaine catégorie de travailleurs ; ainsi dans son titre VI le projet du Gouvernement cité ci-dessus laisse la faculté du versement aux ouvriers de l'agriculture dont les salaires ne sont pas supputés au mois ou à l'année, aux colons partiaires, métayers, bordiers, aux domestiques attachés à la personne, aux artisans, façonniers, aux commerçants et cultivateurs travaillant habituellement seuls ou n'employant que des membres de leur famille ou n'étant pas imposés au-dessus d'une somme déterminée et enfin un nombre considérable de petits métiers dont l'énumération serait fort longue et qui peuvent prendre place dans la présente citation.

On a vu ci-dessus l'avis des intéressés. Lors de la consultation du ministre du Commerce Millerand (décision prise par la Chambre le 2 juillet 1901), la presque unanimité des représentants des patrons et les corporations ouvrières se sont nettement prononcés contre l'obligation, renouvelant ainsi le vote de 1879 sollicité sur le projet Martin-Nadaud.

Aujourd'hui, le principe de l'obligation étant écarté, que reste-t-il des projets imposant le versement du travailleur et de l'employeur?

Absolument rien.

Car, sans l'obligation, malgré toutes les lois possibles l'on ne pourra atteindre le but que l'on se propose de réaliser.

Que voulons-nous, nous travailleurs?

Voulons-nous faire œuvre de solidarité humaine ou simplement une vaste Compagnie d'assurance, pouvant profiter à certains à l'exclusion d'autres?

On nous dit, nous allons donner à certains travailleurs une retraite, mais ce don précieux, il nous semble que l'on veut le faire chèrement payer, car on impose, à cet effet, les travailleurs pour 200 millions sur leurs salaires tout en imposant d'une même somme de 200 millions les employeurs, tandis que l'Etat n'intervient que pour 15 millions.

Les travailleurs repoussent énergiquement une perspective aussi alléchante et voici pourquoi : ils sont contre toute retenue sur leur salaire déjà si insuffisant; ils disent avec juste raison que tout vient du travail; en apportant leur cote-part de labeur ils ont rendu service à l'ensemble de la société tout en faisant de lourds sacrifices comme consommateurs. Non seulement cette société en a profité, mais encore les maîtres ont prélevé sur ce salaire à peine suffisant un taux élevé pour vivre dans l'opulence, posséder le superflu, tandis qu'eux, travailleurs, qui ont assuré ces jouissances ne peuvent subvenir à leurs besoins quotidiens et à ceux de leur famille.

Dans ces conditions la pension d'invalidité et de retraite doit être en quelque sorte une part de restitution tardive du prélèvement capitaliste sur la vie du travailleur.

Il doit donc résulter de cette notion toute moderne et toute démocratique de la société que le secours accordé aux faibles et aux pauvres doit-être le résultat non d'un bienfait, mais d'un droit légal socialement vrai, garanti par l'Etat, c'est-à-dire d'une assurance entre tous les membres de la société.

On pourra nous dire : mais c'est de l'assistance et non une assurance; l'assurance doit être prévue à part.

Assistance! que ce mot est vieilli; et qu'il est mal interprété.

Assistance équivaut aujourd'hui à aumône, à charité.

Assistance, sans la dignité, sans la certitude, sans le droit, avec toute l'humiliation qui est attachée aujourd'hui et qui restera attachée demain au mot et au service de l'Assistance publique.

L'idée et le fait de l'assistance ont fait leur temps, en pareil cas, ils doivent disparaître, car cette organisation a été jusqu'à ce jour une forme rudimentaire, mauvaise et défectueuse de la solidarité.

Nous estimons, nous travailleurs, que ces institutions de solidarité par lesquels nos concitoyens seront mis sur leurs vieux jours et en cas d'invalidité à l'abri de l'extrême misère doivent devenir des services publics comme l'entretien des routes, la défense nationale qui absorbe annuellement près d'un milliard, comme l'instruction publique elle-même et qu'en conséquence les ressources nécessaires à ces services doivent être demandées à un impot général pesant sur la nation tout entière.

Dans un autre ordre d'idées, les employeurs se sont également prononcés contre l'obligation et en cela ils ont eu raison :

Les petits industriels, petits commerçants, petits patrons cultivateurs, en un mot la petite bourgeoisie, ceux qui se rapprochent le plus du prolétariat et seront des prolétaires demain par la surenchère capitaliste, disent que, sur la fin de leur carrière, ils peuvent se trouver dans une situation des plus cruelles et obligés de redevenir salariés; ils auront donc, comme patrons, fait un nombre considérable de versements obligatoires patronaux en faveur des salariés qu'ils occupent, tandis que, malgré bien des privations, bien des tracas et après avoir fourni une forte somme de travail, ils ne pourront même pas jouir du privilège facultatif que leur réserverait une loi si injuste.

Il est à remarquer que le gros patronat n'est pas taxé proportionnellement à ses bénéfices; il est vrai que, par l'agglomération des travailleurs qui entoure la grande industrie, agglomération toujours supérieure au nombre des occupés, il peut se produire une certaine répercussion sur les salaires qui obligera le travailleur à payer double.

Les projets restent muets sur tous ces parasites qui par leur aisance ne travaillent pas, tout en bénéficiant d'un travail que d'autres font pour eux.

Ceux-là qui trouvent la manne d'or dans leur berceau en naissant, ceux-là qui ont réalisé de belles fortunes dans le commerce ou l'industrie par le travail des autres, ceux-là qui possèdent d'immenses propriétés de luxe, bâties ou non bâties, ceux-là qui ont d'immenses capitaux placés sur les fonds d'État français ou étrangers, sur valeurs mobilières et industrielles du monde entier, à ceux-là la loi ne demande rien et, pourtant ils sont aussi quelquefois exposés à l'éventualité d'être privés de ressources au même titre que d'autres n'ayant pour tout capital que leur travail.

Il ne faut pas non plus oublier ces hauts fonctionnaires grassement rétribués, jouissant d'avantages extraordinaires pendant leur carrière administrative, ayant une retraite disproportionnée aux besoins indispensables (le budget prévoit 100 millions pour la retraite des fonctionnaires) tandis que ceux qui y ont contribué et qui contribuent à leur assurer ces coûteux avantages n'ont quelquefois même pas le premier morceau de pain.

Il est donc indispensable que tous les Français sans exception, riches ou pauvres, concourent à assurer dans la mesure de leurs moyens et progressivement à la richesse de chacun, les ressources nécessaires à la création d'une assurance générale. Quoi qu'il en soit, et si peu qu'il leur soit demandé proportionnellement à leurs besoins, les pauvres paieront toujours plus que les riches.

On nous objectera que certains travailleront consciencieusement toute leur vie et que d'autres seront dans la misère par prodigalité, par les passions, les désordres; que d'autres ne travailleront jamais et seront un opprobre pour la société. Certes, l'objection est fondée, mais elle n'est pas péremptoire.

A ceux qui seront dans la dernière condition qui se trouveront dans des cas spéciaux, il y a lieu d'appliquer des conditions spéciales.

Il y aura également lieu de tenir compte du chômage qui est dû à la mauvaise organisation du travail ainsi que l'invalidité due à des causes générales en dehors de la profession.

CONCLUSIONS

Après avoir passé en revue les différents projets, étant donné leur insuffisance, étant donné d'autre part l'article 21 de la déclaration des Droits de l'Homme et du Citoyen du 24 juin 1793 :

« Les secours publics sont une dette sacrée. La société doit subsistance aux citoyens malheureux, soit en leur procurant du travail, soit en assurant les moyens d'exister à ceux qui sont hors d'état de travailler. »

Considérant :

Que tout être humain faisant partie du corps social a droit à la conservation de son existence. La société en toute justice doit faire une restitution à ceux de ses membres que sa mauvaise organisation a trop lésés;

Partant de ces principes, tous doivent concourir suivant leurs moyens à l'impôt général, cet impôt doit se répercuter sur tous pour apporter le soulagement désiré ; en conséquence la société tout entière doit assurer les invalides et les citoyens âgés de plus de 65 ans par une inscription naturelle au budget de l'Etat et dans les conditions suivantes :

1° Etablissement d'un impôt progressif sur le revenu ;

2° Etablissement d'un impôt progressif sur les successions ;

3° Taxe spéciale sur la propriété de luxe bâtie et non bâtie ;

4° Etablissement d'un monopole d'Etat pour toutes les assurances (incendie, vie, etc.) : proposition de M. Bourgeois (du Jura), séance de la Chambre du 6 juillet 1894, ayant pour but de conférer à l'Etat le monopole des assurances.

« Article premier. — L'assurance contre l'incendie est obligatoire. »

5° Location des immeubles à l'usage des cultes.

Voici en ce qui concerne la retraite proprement dite.

Mais nous avons aussi à envisager les maladies ou blessures ne rentrant pas dans les cas spéciaux visés par les lois. Dans cet ordre d'idées, nous sommes partisans du versement obligatoire de l'employeur aux Sociétés de secours mutuels pour assurer les travailleurs contre les maladies ou les blessures contractées pendant ou en dehors du travail.

Nous concluons :

1° Allocation en faveur de tout Français des deux sexes âgés de plus de 65 ans qui pourra justifier n'avoir aucun moyen d'existence et avoir travaillé 7,500 journées, d'une retraite annuelle variant de 275 à 365 francs, de 0 fr. 75 à 1 franc par jour suivant les conditions de vie dans la région où il réside ;

2° Allocation de la même retraite à tout invalide incurable âgé de plus de 25 ans qui n'aura aucun moyen d'existence ;

3° Le temps passé au service militaire et les périodes d'exercices comptent dans le total des 7,500 journées de travail ;

4° Le vieillard ou l'infirme qui aura quelques ressources autres que le travail, mais inférieures à la pension attribuée aux autres vieillards ou aux autres infirmes recevra la différence moins les trois quarts de ses ressources;

5° Tout Français âgé de 65 ans qui ne pourra justifier de 7,500 journées de travail subira une retenue annuelle proportionnelle variant suivant les régions de 0.036 à 0.048 par journée en moins;

6° Tout Français de même âge qui aura subi de la prison ou autre pour délit de droit commun subira une retenue variant suivant les régions de 0 fr. 072 à 0 fr. 096 par jour de prison, le chiffre des journées de travail en moins se confondra dans la même retenue;

7° Versement obligatoire des employeurs aux Sociétés de secours mutuels d'une somme de 0 fr. 50 par mois et par travailleur pour assurer ces derniers contre la maladie ou les accidents non prévus par les lois spéciales.

XVII

HABITATIONS A BON MARCHÉ

LÉGISLATION

Les habitations à bon marché sont instituées par la loi du 30 novembre 1894 complètée par les lois des 31 mars 1896, 20 juillet 1895, art. 20, § 7; les décrets des 20 février, 21 septembre et 8 octobre 1895.

La loi du 30 novembre 1894 prévoit :

1° L'organisation des comités locaux d'habitation à bon marché et la création d'un Conseil supérieur des habitations à bon marché;

2° L'assurance par certains établissements publics des capitaux nécessaires aux opérations relatives aux habitations à bon marché ;

3° L'accession et la transmission facilitées de la propriété en prémunissant l'ouvrier contre les risques de la vie par l'assurance, en conservant en cas de mort du père l'habitation à la famille ;

4° L'exonération de certains impôts et autres avantages fiscaux.

La loi prévoit et encourage la formation de Sociétés spéciales — coopérativee ou autres — ayant pour but les opérations relatives à des maisons à bon marché.

Ces Sociétés sont de deux sortes :

1° Sociétés de construction de maisons à bon marché ;

2° Sociétés de crédit qui, ne construisant pas elles-mêmes, ont pour objet de faciliter l'achat et la construction de ces maisons.

Les opérations de ces Sociétés diverses doivent se résoudre et se confondre en ces buts communs exclusifs : soit améliorer les habitations à bon marché ; soit les mettre en location ; soit procurer leurs acquisitions par vente à échéance fixe ou par paiements fractionnés.

La loi fournit à ces Sociétés les moyens d'obtenir de certains établissements publics déterminés les ressources nécessaires à leurs opérations. (*Code ouvrier Louis André et Léon Guibourg.*)

La loi indique que les bénéficiaires sont les personnes qui ne sont propriétaires d'aucune maison, notamment les ouvriers ou employés vivant de leur travail ou de leur salaire.

C'est ainsi que l'article 5 contient un barême ayant trait à la contribution foncière déduction faite d'un quart du chiffre du loyer, il faut que le revenu net imposable ne dépasse pas un dixième.

Dans les communes de 1,000 habitants 90 francs ; de 1,001 à 5,000, 150 francs ; de 5,001 à 30,000, 170 francs de 30,001 à 200,000 et dans celles qui sont situées dans un rayon de 40 kilomètres autour de Paris 220 francs ; à Paris 375 francs.

Un revenu net de 90 francs par mois représente un loyer de 120 francs par an, et ce loyer capitalisé 5 1/2 0/0 représente une valeur de 2.180 francs : telle est la valeur maximum de l'habitation à bon marché dans les plus petites communes; un revenu net de 150 francs, correspond à un loyer de 200 francs et à une valeur de 3.655 francs; un revenu de 170 francs, à un loyer de 225 francs, valeur 4.000 francs; un revenu de 225 francs, à un loyer de 290 francs, valeur 5.270 francs; un revenu de 300 francs, à un loyer de 400 francs, valeur 7.270 francs; un revenu de 375 francs, à un loyer de 500 francs, valeur 9.090 francs. (Explications de M. le rapporteur Diancourt, à la séance du Sénat du 8 novembre 1894.)

Ces chiffres sont certainement erronés en ce qui concerne Paris et certains grands centres.

De ce calcul sont exceptées les charges de salubrité (eau, vidange, etc.)

Lorsqu'il s'agit d'une maison collective chacun des logements ne doit pas composer un chiffre de revenu net supérieur à ceux déterminés ci-dessus.

L'organisation des comités locaux d'habitation à bon marché est laissé à la faculté des communes qui doivent demander au Gouvernement de les instituer par décret après avoir pris l'avis du Conseil général du département et celui du Conseil supérieur des habitations à bon marché.

Les fonds mis à la disposition des comités locaux peuvent provenir de deux sources.

1° Subventions volontaires de l'Etat, des départe- et des communes, ainsi que dons et legs, aux conditions prescrites par l'article 910 du Code civil pour les établissements d'utilité publique ;

2° Fonds prélevés par le Conseil général sur le budget départemental.

Un Conseil supérieur des habitations à bon marché

institué auprès du ministre du Commerce connaît de tous les règlements ayant pour but d'assurer l'exécution de la loi du 30 novembre 1894.

Les comités locaux adressent chaque année un rapport détaillé de leurs travaux au Conseil supérieur.

Certains établissements ont la faculté de construire eux-mêmes des habitations à bon marché.

1° Les bureaux de bienfaisance, les hospices et les hopitaux ;

2° Les Caisses d'épargne ordinaires.

Ces établissements peuvent également consentir des prêts; il en est de même de la Caisse des Dépôts et Consignations.

La loi de 1894 a fait intervenir la loi du 11 juillet 1864 pour les assurances en cas de décès à seule fin de réserver à la femme ou aux enfants mineurs la propriété de l'habitation occupée par le père de famille ; ce bien est indivisible pendant une période variant de 5 à 10 années.

Les habitations à bon marché sont dispensées pendant une période de 5 années après leur construction des contributions foncières et de la contribution des portes et fenêtres.

La dispense du timbre et l'enregistrement gratuit sont accordées aux sociétés de crédit favorisant cet œuvre à condition que les actes ne portent ni l'obligation, ni la libération, ni la transmission de bien meubles ou immeubles entre les associés ou autres personnes.

Les sociétés de construction ou de crédit sont exonérées de l'impôt sur le revenu de leurs actions à condition que ces titres soient nominatifs.

La taxe des biens de mainmorte n'est pas due.

COMMENTAIRE

Nous nous sommes longuement étendus sur cette question parce que nous estimons que les travailleurs doivent connaître les avantages qui s'y rattachent et qu'il est de toute utilité pour les classes laborieuses d'en revendiquer l'application, pour parer dans la mesure du possible au vieux dicton parisien d'une justesse profonde : « On ne travaille que pour le loyer. »

Il est à remarquer, en effet, tandis que l'intérêt des valeurs mobilières baisse partout, le revenu des maisons augmente sans cesse et c'est le travailleur lui-même à son détriment qui crée cette plus-value toujours croissante, tandis que le propriétaire seul en bénéficie.

Autrement dit, la valeur actuelle de la propriété urbaine n'a pas été créée par son détenteur ; elle est l'œuvre de la collectivité tout entière, qui non seulement n'en profite pas, mais en souffre.

Il y a aussi et il est urgent de le faire ressortir dans cet exposé, un véritable abandon de privilège consenti par la commune, c'est le cas où les transformations successives profitent au propriétaire et l'engagent à augmenter dans de très sensibles proportions le prix de ses loyers.

Légalement, sur ces avantages rapportant au propriétaire seul, avantages qui ne lui coûtent rien, la commune devrait en avoir sa quote-part, tel le prescrivent la loi du 16 septembre 1807 et diverses jurisprudences rendues tant en application de cette loi que de lois postérieures.

JURISPRUDENCE

C'est ainsi qu'à la suite d'une délibération du Conseil municipal de Paris, prise sur la proposition de MM. Adrien Weber et Landrin, M. le préfet de la Seine chargeait M. de Pontich, à cette époque chef du service du contentieux de la préfecture de la Seine, aujourd'hui directeur des travaux de Paris, d'émettre son avis sur cette question.

M. de Pontich cite les articles 30 et suivants de la loi

du 16 septembre 1807 et, dans un rapport très serré et très nourri, démontre que la loi de 1807 n'est pas désuète, qu'elle est toujours en vigueur.

Art. 30. — « Lorsque, par suite des travaux déjà énoncés par la présente loi; lorsque, par l'ouverture de nouvelles rues, par la formation de places nouvelles, par la construction de quais ou par tous autres travaux publics généraux, départementaux ou communaux, ordonnés ou approuvés par le Gouvernement, des propriétés privées auront acquis une notable augmentation de valeur, ces propriétés pourront être chargées de payer une indemnité qui pourra s'élever jusqu'à la valeur de la moitié des avantages qu'elles auront acquis; le tout sera réglé par estimation dans les formes déjà établies par la présente loi. jugé et homologué par la commission qui aura été nommée à cet effet. »

Et M. de Pontich termine son rapport daté du 27 avril 1898 par les conclusions suivantes :

« 1° — La Ville a le droit de demander, lors des travaux de voirie qu'elle entreprendra à l'avenir et qui procureront une plus-value notable aux immeubles voisins, l'application des articles 30 à 32 de la loi du 16 septembre 1807. Elle a intérêt à le faire.

« 2° — Ni en droit, ni en fait, rien ne semble s'opposer à ce que la Ville réclame l'indemnité de plus-value aux propriétaires qui ont bénéficié des travaux exécutés depuis au moins trente ans. »

COMMENTAIRE

Malgré cette décision tout est resté en état, non seulement il n'a pas été tenu compte des plus-values acquises par suite des nombreux travaux de voirie exécutés depuis trente ans, mais encore de nos jours il n'en est pas tenu compte.

Le moment serait bien choisi à la veille des nombreux travaux qui vont s'exécuter dans Paris.

Le propriétaire profite seul, tandis que la Ville, la collectivité paye les frais. Ne serait-il pas logique que cette plus-value récupérée par le propriétaire sur les loyers profite à la Ville suivant son droit? Libre à elle d'en disposer pour diminuer le prix de certains logements permettant ainsi aux travailleurs dans les conditions de la loi du 30 novembre 1894 de se loger à meilleur marché, nous soumettons ces réflexions à nos édiles partisans des logements à bon marché.

Dans un autre ordre d'idées, il est regrettable de constater que, malgré les avantages spéciaux, bien incomplets il est vrai, donnés par la loi Siegfried du 30 novembre 1894, aucune association sérieuse de travailleurs, n'ait vu le jour pour en réclamer les bénéfices.

PROPOSITIONS

Diverses tentatives ont été faites sans donner de résultat; c'est ainsi que, dans sa séance du 14 janvier 1899, le Comité des habitations à bon marché du département de la Seine, que préside M. Paul Strauss sénateur, émettait les vœux suivants que nous reproduisons intégralement :

a) « Constitution d'une société anonyme rentrant dans le cadre de la loi Siegfried, ayant pour but la construction et la location d'habitations à bon marché pour Paris et le département de la Seine : le capital à l'origine ne devrait pas être inférieur à 1 million et il serait formé, soit entièrement par des souscriptions, soit par partie par les apports des sociétés déjà existantes ;

b) « Entente de cette société avec le département, la ville de Paris ou l'Assistance publique, pour l'acquisition à des conditions favorables ou la location par bail emphytéotique de quatre-vingt-dix-neuf ans de terrains du domaine public; dans ce dernier cas, il pourrait être stipulé que les terrains et les constructions feront retour au Département et à la Ville à l'expiration du bail;

c) « Emission d'obligations jusqu'à concurrence de 10 millions pour faire face à la dépense des constructions; ces obligations seraient garanties par le département ou la Ville, qui auraient pour gage le produit des loyers et la valeur des immeubles leur faisant retour; une pareille garantie permettrait de placer les obligations au pair à 3 0/0, peut-être au-dessous.

Cette proposition est toujours à l'état de vœu.

Essais

A signaler aussi le concours qui a eu lieu dans le courant de l'année 1903 pour la construction d'habitations à bon marché et nous aurons dit, à part les essais d'une ou deux entreprises privées, ce qui a été fait à Paris sur cette question.

La ville de Lyon est plus avancée, M. Mauginé par la création de la Société Lyonnaise a apporté une amélioration très sensible dans l'état des logements des travailleurs.

On nous dit : dans Paris le prix du mètre carré de terrain est trop élevé et ne peut permettre ce genre de construction, il n'en est pas moins vrai que le prix trop élevé du loyer oblige le travailleur à habiter la périphérie ou à se rendre hors barrière, il n'en est pas moins vrai que le travailleur augmente encore son loyer par les moyens de transports; nous estimons que certains sacrifices auraient pu être consentis, que les occasions n'ont pas manqué.

Fin 1903 une commission spéciale des logements à bon marché a été nommée par le Conseil municipal, elle a pour président M. Turot, conseiller municipal, elle s'est réunie plusieurs fois, nous ne savons quelle résolution elle a prise; mais nous craignons que, comme ses précédentes, elle ne s'en tienne à des projets sans sanction.

A signaler la proposition votée par le Conseil municipal sur la proposition de M. Pierre Morel, le 18 décembre 1903 et tendant à réserver une partie des terrains du Champ de Mars pour la construction de logements à bon marché. Cette proposition n'a pas l'approbation de nos gouvernants, ce fait ne nous surprend pas. Sera plus heureux peut-être M. Rozier, conseiller municipal, qui a fait décider le 31 décembre 1903 que quelques millions provenant de l'opération du Champ de Mars seront réservés à la construction de logements à bon marché, nous le souhaitons très ardemment sans trop oser y prétendre.

D'autre part, les terrains laissés libres par la désaffectation des fortifications seraient un bon emplacement pour ces constructions. Nous sera-t-il permis de réussir? nous butterons-nous à une fin de non-recevoir comme pour les terrains du Champ de Mars? Autant de questions qui nous laissent rêveurs.

A notre point de vue, la question des logements à bon marché ne pourra être efficacement réalisée que par l'intervention de l'Etat, des villes et des communes, seul moyen pour éviter les nombreuses spéculations inhérentes à toutes sociétés financières. L'acquisition des terrains et la mise en adjudication comme pour les travaux publics pourront seuls donner les meilleurs résultats.

CONCLUSIONS

Nous concluons :

1° Application de la loi du 16 septembre 1807 à tout propriétaire qui aura bénéficié de travaux de voirie ayant pu donner un rapport supplémentaire à son immeuble ;

2° Affectation de la bonification ci-dessus au dégrèvement des travailleurs se trouvant dans les conditions prévues par la loi du 30 novembre 1894 ;

3° Construction par l'Etat, les villes, les communes,

l'Assistance publique de logements à bon marché, ou subventions aux sociétés ou particuliers se trouvant dans les conditions prescrites par la loi pour leur permettre de construire ;

4° Affectation des terrains laissés libres par la démolition des fortifications de Paris aux logements à bon marché.

XVIII

ASSISTANCE JUDICIAIRE

PRIVILÈGE DES AVOCATS

LÉGISLATION

Assistance judiciaire.

Par la loi du 22 janvier 1851, l'assistance judiciaire est accordée, après de nombreuses formalités, à tout citoyen qui a pu justifier de son indigence.

L'assisté est dispensé provisoirement du payement des sommes dues au Trésor pour droit de timbre, d'enregistrement et de greffe ainsi que toute consignation d'amende. Il est aussi dispensé provisoirement du payement des sommes dues aux greffiers, aux officiers ministériels et aux avocats, pour droits, émoluments et honoraires. Les actes de la procédure faite à la requête de l'assisté son visés pour timbre et enregistrés en débet.

Celui qui a été admis à l'Assistance judiciaire devant une première juridiction continue à en jouir en appel et en cassation.

Pour les cas visés par la loi du 9 avril 1898 sur les accidents du travail, l'assistance judiciaire est accordée de plein droit sur le visa du Procureur de la République à la victime de l'accident. Ce bénéfice s'étend aussi de plein droit aux instances devant le juge de paix, à tous les actes d'exécution mobilière et immobilière et à toutes contestations incidentes à l'exécution des décisions judiciaires.

De nombreux projets de lois ont été déposés depuis bien longtemps déjà au Parlement pour l'extension de l'assistance judiciaire ; aucun jusqu'à ce jour n'a pu utilement aboutir.

Privilège des Avocats.

Le privilège des avocats est sanctionné par la prestation de serment prescrite par l'article 31 de la loi du 22 ventôse an XII et par le décret du 2 juillet 1812 disant que les causes portées à l'audience seront plaidées dans toutes les cours impériales par les avocats inscrits sur le tableau des avocats de la Cour ou admis au stage.

La loi du 1er décembre 1900 autorise les femmes licenciées en droit à se faire inscrire comme avocats.

Quelques projets ont été également élaborés pour la suppression du privilège des avocats, malgré ces tentatives la situation est restée la même.

CONCLUSIONS

Nous concluons :

1° Accorder l'assistance judiciaire à tout citoyen qui ne jouira pas d'un revenu annuel supérieur à 2,000 francs pour les communes de 50 à 1,000 habitants; 2,500 francs pour les communes de 1,000 à 10,000; 3,000 francs pour les communes de 10,000 à 100,000 et 4,000 francs pour les communes supérieures à 100,000 habitants;

2° Suppression du privilège des avocats en matière de contestations relatives au travail et aux accidents du travail, quelle que soit la juridiction qui ait à statuer;

3° Dans les différentes questions relatives au travail les parties auront la faculté de se faire assister par des techniciens exerçant la profession ou étant au courant des usages de la profession.

FIN

XIX

NOTE FINALE

Nous venons de passer en revue très sommairement les différentes lois du travail, nous avons examiné les principaux projets, vous connaissez nos conclusions.

Comme nous le disions dans notre introduction, nous accepterons toujours avec plaisir et sous bénéfice d'examen, de quelque côté qu'ils viennent, les avis commentaires ou autres ; nous agissons sans parti pris, nous n'avons pas la prétention d'imposer des théories immuables, nous estimons que, dans ce champ si vaste de la pensée libre, il y a place pour tous ; nous sommes pour les choses pratiques, pour les choses possibles, c'est pourquoi notre modeste travail émet des vœux sans élaborer de texte.

Nous sommes avant tout des Francs-Maçons imprégnés des habitudes de libre discussion ayant fait en partie notre éducation dans cette grande famille faite toute de tolérance, d'aménité et de bonté, la Franc-Maçonnerie française.

Comme le dit l'article premier de notre Constitution, nous poursuivons l'amélioration matérielle et morale, le perfectionnement social de cette classe de déshérités, de cette classe de travailleurs qui, tout en produisant la richesse de la France est par trop délaissée et, dans certains cas, traitée en paria par une partie de ceux qui profitent de son éternel labeur.

Lorsque nous avons fondé cette loge *Union sociale*, nous poursuivions un but :

Permettre à la classe des travailleurs éloignée jusqu'à présent de nos temples par des charges trop lourdes à supporter, de bénéficier des minima de prix pour venir prendre part à nos travaux, s'éduquer, se discipliner en quelque sorte et aborder froidement et méthodiquement les réformes préconisées que le tumulte et l'incohérence des réunions publiques empêchent de mûrir et de répandre utilement.

Nous avons pour but de créer des propagandistes dans les milieux d'agglomération de travailleurs, faisant ainsi une besogne réfléchie en même temps qu'une besogne utile.

L'expérience nous a donné raison et l'augmentation rapide de notre effectif en est la meilleure preuve.

Dans cet ordre d'idées, nous voudrions voir venir à nous ces militants, ces travailleurs républicains et socialistes des syndicats ouvriers, tous ceux dont l'idéal est le nôtre, qui luttent pour la même cause, pour les mêmes besoins et qui trouveraient dans cette grande famille maçonnique, l'appui et le réconfort nécessaire pour les encourager, les guider dans la grande œuvre d'émancipation, d'amélioration, de défense et de justice sociale qui sont la raison d'être de leurs très utiles Associations corporatives.

Quant à nous, membre de la Loge Union socialiste, conséquents avec nous-même, par ce modeste exposé des lois ouvrières nous appliquons notre programme de fondation qui se résumait par ces mots :

TRAVAIL — ÉTUDE — FRATERNITÉ — SOLIDARITÉ.

G. LEMARCHAND.

Paris. — Imprimerie Nouvelle (association ouvrière), 11, rue Cadet.
A. Mangeot, directeur. — 100-4.

www.ingramcontent.com/pod-product-compliance
Ingram Content Group UK Ltd.
Pitfield, Milton Keynes, MK11 3LW, UK
UKHW020336230726
13925UKWH00002B/824

9 782013 600798